1781

FLORIAN HARTLEB

TEENAGER TERRORISTEN

Wie unsere Kinder radikalisiert werden –
und wie wir sie schützen können

Hoffmann und Campe

MIX
Papier | Fördert gute Waldnutzung
FSC® C014496

1. Auflage 2025

Harvestehuder Weg 42, 20149 Hamburg, produktsicherheit@hoca.de
www.hoffmann-und-campe.de
Lektorat: Claudia Jürgens
Umschlaggestaltung: © Jorge Schmidt, München
Umschlagabbildung: © BrilliantEye / Getty Images
Satz: Dörlemann Satz, Lemförde
Gesetzt aus der Sabon LT
Druck und Bindung: GGP Media GmbH, Pößneck
Printed in Germany
ISBN 978-3-455-02063-2

HOFFMANN UND CAMPE

Ein Unternehmen der
GANSKE VERLAGSGRUPPE

Für meine beiden Söhne Villem (8 Jahre) und
Gustav (3 Jahre) sowie meine Partnerin Teele

Inhalt

Die Rache der Übersehenen – eine Einführung

Das Labyrinth

Man stelle sich einen sechzehnjährigen Jungen vor, der jeden Tag durch eine Schule geht, in der er zwar körperlich anwesend ist, aber geistig durch das Raster fällt. Zu Hause herrscht Sprachlosigkeit, online findet er plötzlich Resonanz – jemand spricht ihn an, hört zu, nennt ihn »Bruder«. Was ihm sein Umfeld nicht geben konnte – Orientierung, Wert, Bedeutung –, bekommt er in radikalisierten Foren in greller, überzeichneter Form zurück. Der Weg vom Gefühl der Unsichtbarkeit zum Gefühl der Mission ist erschreckend kurz. Aus einem einsamen Jugendlichen wird ein potenzieller Täter, nicht weil er »böse« ist, sondern weil ihm niemand rechtzeitig die Hand gereicht hat, bevor andere es taten – mit Parolen, Feindbildern und falscher Geborgenheit.

Und dann explodiert etwas – vielleicht eine Bombe, vielleicht nur ein Leben, das entgleist. Zurück bleiben fassungslose Eltern, entsetzte Lehrer, ratlose Nachbarn, die sagen: »Man hätte es nie gedacht.« Doch die Zeichen waren da – nicht laut, nicht grell, sondern leise: Rückzug, Verhärtung, ein verlorener Blick, ein plötzlicher Sinn fürs Absolute. In der Radikalisierung eines Teenagers spiegelt sich auch das Versagen der Welt, die ihn nicht gehalten hat. Der Moment der Gewalt ist nicht der Anfang, sondern das bittere Ende einer Geschichte, die viel früher begonnen hat – mit einem Kind, das dazugehören wollte und schließlich dort aufgenommen wurde, wo es niemand erwartet hätte: im Schatten einer zerstörerischen Ideologie.[1] Teenager-Terrorismus ist kein Akt der Bosheit, er ist die Rache des Übersehenen. Ein Kind, das zu lange im Schatten stand, beginnt selbst, Schatten zu werfen.

Die Radikalisierung junger Menschen ist wie der Weg durch ein Labyrinth – kein geradliniger Pfad, sondern ein System aus Irrwegen, Sackgassen und geheimen Durchgängen, und oft nur einem Ausgang.[2]

Die Verlorenheit am Eingang

Der Eingang ist meist unscheinbar, für Außenstehende kaum sichtbar. Der Jugendliche betritt das Labyrinth nicht mit einem Entschluss zur Gewalt, sondern mit einer Suche: nach Zugehörigkeit, Bedeutung, Gerechtigkeit, Identität. Es beginnt alles mit dem Gefühl, nicht dazuzugehören, unsichtbar zu sein, von Leere, Einsamkeit, Unverstandenheit. Soziale Exklusion, Diskriminierung, familiäre Instabilität oder schulisches Scheitern weisen den Weg.

Die ersten Stimmen in den Gängen

In den digitalen Gängen des Labyrinths begegnet er neuen Stimmen – Foren, Videos, Chatgruppen. Dort wird er plötzlich gesehen, gehört, benannt. Die Stimmen geben ihm einfache Antworten, klare Schuldige und ein Gefühl von Macht. Die Orientierung ist noch diffus, aber das Versprechen: verlockend.

Die Verengung der Perspektive
Je tiefer er vordringt, desto enger werden die Gänge. Zweifel werden als Schwäche markiert, Andersdenkende als Feinde. Die eigene Identität wird radikalisiert, vereinfacht, verdichtet. Es gibt kaum mehr ein Zurück – nur noch den Weg nach vorn, in die Dunkelheit.

Der falsche Ausgang – Gewalt
Am Ende des Labyrinths steht kein Licht, sondern der vermeintliche Ausweg – ein Akt der Gewalt, eine symbolische Tat gegen die Gesellschaft, die ihn nie aufgenommen hat. Der Terrorakt ist die Entladung eines existenziellen Staus, eine zerstörerische Antwort auf eine Welt, die ihn nie gefragt hat, wie es ihm geht.

Die Rückwege – selten, aber möglich
Nicht alle bleiben im Labyrinth gefangen. Es gibt geheime Durchgänge zurück: Begegnung, Vertrauen, alternative Zugehörigkeiten. Der Ausstieg ist schwer, aber möglich, wenn jemand die Hand reicht, Orientierung gibt und einen Kompass durch das Dickicht bietet.

In einer Zeit, in der Radikalisierung nicht mehr in dunklen Kellern, sondern in hellen Kinderzimmern beginnt, entlarvt dieses Buch ein verdrängtes Phänomen: den Terror aus der Mitte der Jugend. Ihre Welt ist eine, die gleichzeitig von grenzenlosen Möglichkeiten und der quälenden Angst vor dem Scheitern geprägt ist. Was sie auszeichnet, ist die Fähigkeit, alles zu hinterfragen, das Bestehende zu zerlegen und sich durch eine Flut aus Informationen und Eindrücken zu bewegen – ohne immer zu wissen, welcher Weg der richtige ist. Ihre Herausforderung besteht nicht nur in der Anpassung an die gesellschaftlichen Normen, sondern darin, ihre eigene Stimme zu finden, die sich zwischen der Flut der Erwartungen von außen und dem Drang nach Selbstverwirklichung behaupten muss. Inmitten dieser Suche ist der Teenager nicht nur von Neugier und Idealismus getrieben, sondern auch von der tiefen Sehnsucht, zu verstehen, wo er in dieser Welt seinen Platz hat – und womöglich auch, wie er die Welt verändern kann. Es ist diese Mischung aus grenzenlosem Potenzial und der ungestümen Kraft, die einen Teenager zu dem macht, der, wie kein anderer, die Welt auf den Kopf stellen kann.

Teenager-Terrorismus gedeiht dort, wo junge Menschen sich dauerhaft als Außenseiter erleben – entwurzelt, übersehen, ohne Stimme. Soziale Exklusion ist kein abstrakter Zustand, sondern ein stilles Gift:[3] Sie wirkt schleichend, indem sie Teilhabe verweigert, Anerkennung entzieht und Zukunftszuversicht dämpft. Wer über Jahre hinweg spürt, dass er nicht dazugehört, dass seine Geschichte in den Erzählungen der Gesellschaft keinen Platz hat, ist empfänglich für andere Narrative – jene, die klare Feindbilder zeichnen, Zugehörigkeit versprechen und den Schmerz der Ausgrenzung in Wut verwandeln.

Radikale Ideologien geben jenen Jugendlichen ein Zuhause, die sich von der offenen Gesellschaft verraten fühlen. Sie sind Türöffner für ein gefährliches Gefühl: Bedeutung. Plötzlich zählt man, wird gesehen, bekommt einen Auftrag – nicht selten mit mörderischer Konsequenz. Wie ein Navigationssystem, das den Jugendlichen auf einen gefährlichen, verschlungenen Weg führt, wählt er die Ideologie, ohne die dunklen, gefährlichen Abgründe zu erkennen, in die sie ihn ziehen wird. Eine Gesellschaft, die dem Terror entgegentreten will, muss deshalb mehr tun, als zu schützen und zu bestrafen – sie muss zuhören, einladen und Räume schaffen, in denen kein junger Mensch sich fragen muss, ob sein Leben einen Platz in ihr hat.

Dass ein Buch über Teenager-Terrorismus aktuell notwendiger denn je ist, zeigt ein Fallbeispiel: Die Bundesanwaltschaft hat im Mai 2025 fünf rechtsextreme Deutsche festnehmen lassen. Vier von ihnen wirft sie die Mitgliedschaft in der Vereinigung »Letzte Verteidigungswelle« vor, die die Bundesanwaltschaft des Rechtsterrorismus bezichtigt. Einer der Festgenommenen soll die Vereinigung unterstützt haben. Alle fünf sind zwischen vierzehn und achtzehn Jahre alt, »wobei sie alle als Jugendliche mit Verantwortungsreife handelten«, heißt es weiter in der Erklärung des Generalbundesanwalts. Die Polizei begann zudem mit Durchsuchungen in dreizehn Objekten in Mecklenburg-Vorpommern, Brandenburg, Hessen, Sachsen und Thüringen.

Die »Letzte Verteidigungswelle« soll spätestens seit Mitte April 2024 existieren und sich »als letzte Instanz zur Verteidigung der ›Deutschen Nation‹« verstehen, wie es von der Bundesanwaltschaft heißt. Ihr werden mehrere konkrete Terrortaten zur Last gelegt. So sollen zwei der Festgenommenen am 23. Oktober 2024 ein Feuer in einem Kulturhaus in Altdöbern in Südbrandenburg gelegt haben, wobei ein Sachschaden in Höhe von ungefähr 500 000 Euro entstanden sei. Nur durch Zufall seien keine Menschen verletzt worden. Am 5. Januar 2025 sollen zwei weitere Personen im thüringischen Schmölln das Fenster einer Asylbewerberunterkunft eingeschlagen und versucht haben, das Gebäude zu entflammen. Dies sei allerdings gescheitert. Die Täter hätten u.a. die Schriftzüge »Ausländer raus« und »NS-Gebiet« an das Gebäude geschmiert, außerdem Hakenkreuze und Sigrunen. Vorausgegangen sind dieser Entdeckung Undercover-Recherchen eines Teams des Magazins *Der Stern* und von RTL.[4]

Der führende Terrorismusforscher Peter R. Neumann hielt im September 2024 fest, ungefähr zwei Drittel der Terrorverdächtigen, die in den letzten zehn Monaten verhaftet wurden, seien Teenager unter neunzehn Jahren gewesen.[5] Die Direktion Staatsschutz und Nachrichtendienst (DSN) in Österreich warnte unlängst davor, dass sich an Schulhöfen bereits Zehnjährige radikalisieren.[6] Die Strafverfolgungsbehörde der Europäischen Union, Europol, zeigte sich in ihrem Bericht von 2024 besorgt über die gezielte Ansprache von jungen Menschen durch Terroristen.[7] Im Global Terrorism Index 2025 ist die Radikalisierung Jugendlicher ebenfalls ein Kernpunkt.[8]

Und ein Buch über Teenager-Terrorismus ist heute relevanter denn je, weil sich die Mechanismen der Radikalisierung fundamental verändert haben und traditionelle Sicherheitsstrategien oft nicht ausreichen, um diese neue Bedrohung zu verstehen und zu bekämpfen. Während früher terroristische Netzwerke klaren Hierarchien folgten, erleben wir heute eine digitale, dezentralisierte und individualisierte Form des Extremismus, die besonders Jugendliche anspricht. Soziale Medien, Gaming-Communitys, Foren und verschlüsselte Chatgruppen bieten extremistischen Ideologien ein neues Rekrutierungsfeld, in dem Hass und Gewalt allmählich normalisiert werden und Jugendliche oft unbemerkt in Radikalisierungsprozesse geraten.

Der Teenager ist von der schieren Menge an Informationen überwältigt, die ihm Tag für Tag entgegenströmt – oft widersprüchlich, oft entmutigend. Doch dann trifft er auf eine vermeintlich klare Antwort, eine radikale Ideologie, die ihm verspricht, was er am meisten sucht: Zugehörigkeit, Sinn und die Illusion von Kontrolle. Für viele Jugendliche, die in einer Welt der ständigen Veränderung und Unsicherheit nach einem klaren Ziel suchen, ist der Weg in den Terrorismus eine tragische, aber greifbare Möglichkeit. Doch dieser Weg ist kein unvermeidliches Schicksal, sondern ein gefährlicher Strudel, der jedes Gefühl von Menschlichkeit, Empathie und Frieden auslöscht.

Dieses Buch nimmt den Leser, die Leserin mit in die dunklen Ecken der digitalen Radikalisierung, in Chatgruppen, in denen Hass gepredigt wird, in Foren, die Terrorakte wie Videospiele inszenieren, und in die Psyche von Jugendlichen, die sich an einem Punkt befinden, an dem Gewalt als einziger Ausweg erscheint.

Doch dies ist kein Buch über Hoffnungslosigkeit – sondern eine präzise Analyse der Ursachen und Auswirkungen eines beunruhigenden Trends. Und ein Weckruf. Das Buch legt nicht nur die Mechanismen offen, die junge Menschen in die Fänge extremistischer Bewegungen treiben, und enthüllt die emotionalen, sozialen und psychologischen Strukturen, die sie für Manipulation anfällig machen, sondern es richtet auch einen dringenden Appell an uns alle: Es fordert dazu auf, die Augen nicht zu verschließen, sondern aktiv Lösungen zu finden. Denn es liegt in unserer Hand, die nächste Generation vor der Verführung durch Hass und Gewalt zu bewahren. Terrorismus ist nicht nur eine Frage von Ideologie und Gewalt – er ist auch eine Frage der Prävention, der Bildung und der gesellschaftlichen Verantwortung. Je mehr Menschen verstehen, wie Radikalisierung funktioniert, desto besser können wir junge Menschen davor bewahren, den falschen Weg einzuschlagen.

Die Emotionalität des Themas und die Relevanz der Lösungsfindung lassen sich unter drei Stichworten zusammenfassen:

Die emotionale Tiefe der Jugend
Jugendliche befinden sich in einer Phase der Selbstfindung und der emotionalen Zerrissenheit. Wir können uns in ihre Unsicherheiten hineinversetzen, ihre Sehnsucht nach Zugehörigkeit und Identität verstehen. Es berührt uns zutiefst, zu sehen, wie diese verwundbare Phase ausgenutzt wird. Die persönliche Verbindung zu den Ängsten und Hoffnungen der Jugendlichen macht das Thema so aufwühlend und bedeutungsvoll.

Die Bedrohung der Zukunft
Der Teenager-Terrorismus betrifft unsere nächste Generation, die unsere Zukunft prägen wird. Wenn diese Generation von Hass und Gewalt verführt wird, verlieren wir nicht nur Einzelne, sondern die gesellschaftliche Stabilität und die Werte, die eine friedliche und gerechte Welt ausmachen. Es ist eine existenzielle Sorge, dass wir die Jugend, die die Gesellschaft von morgen führen soll, an extremistische Ideologien verlieren könnten.

Die Dringlichkeit der Prävention
Es ist noch nicht zu spät, aber die Zeit drängt. Jeder Schritt, den wir nicht in Richtung Prävention und Aufklärung unternehmen, könnte das Leben eines Jugendlichen und die Sicherheit der Gesellschaft gefährden. Es geht nicht nur um das Verständnis eines Problems, sondern um das Handeln, um radikalisierte Jugendliche zu retten, bevor sie irreversibel auf den falschen Weg geraten.

Die Auseinandersetzung mit diesem Thema ist daher unbequem, aber unvermeidlich. Und deshalb ist dieses Buch über

Teenager-Terrorismus auch nicht nur für Experten oder Sicherheitsbehörden relevant. Es ist für alle gedacht – Eltern, Lehrer und die Gesellschaft als Ganzes –, die verhindern wollen, dass die nächste Generation von Tätern heranwächst. Denn jeder Jugendliche, der aus der Radikalisierung herausgehalten werden kann, bedeutet nicht nur ein gerettetes Leben, sondern auch ein Stück mehr Sicherheit für uns alle.

Und dieses Buch richtet sich direkt an die Jugendlichen selbst, indem es aufzeigt, wie extremistische Gruppen oder Influencer ihre Unsicherheiten ausnutzen, um ihre Ideen zu verbreiten, wie diese Gruppen ihnen das Gefühl geben, Teil von etwas Wichtigem und Überlegenen zu sein, und ihnen zugleich Freiheit und Erfolg versprechen. Es soll dabei helfen, die Manipulation hinter diesen Ideen zu erkennen und sich davor zu schützen. Es fordert Jugendliche auf, die eigene Identität zu finden, ohne sich von gefährlichen Ideologien beeinflussen zu lassen, und gibt ihnen Werkzeuge an die Hand, selbstkritisch zu denken und sich eine eigene Meinung zu bilden.

Terrorismus und Teenager-Terrorismus – eine Definition

Was genau ist Terrorismus? Die Frage klingt einfach – ist aber alles andere als eindeutig zu beantworten. Es gibt Dutzende wissenschaftliche Definitionen, politische Festlegungen, juristische Rahmen. Die UNO hat sich bis heute nicht auf eine einheitliche Definition einigen können. Einige Terrorismusforscher differenzieren zwischen den Begriffen »Terrorismus« und »Terror«.[9] Dabei wird eine gewaltsame Methode als Terror bezeichnet, wenn sie von einem Staat ausgeübt wird, was als

Staatsterrorismus bezeichnet wird. (Diese Unterscheidung ist jedoch nicht in allen Definitionen enthalten.) Terrorismus wird als gewaltsame Methode verstanden, die häufig gegen Zivilisten und zivile Einrichtungen gerichtet ist. Ein Freiheitskämpfer oder Widerstandskämpfer setzt zwar ebenfalls physische Gewalt ein, richtet sich jedoch hauptsächlich gegen militärische Ziele und verfolgt direkt die politischen oder militärischen Leitlinien seiner Organisation. Im Gegensatz dazu setzt der Terrorist vorrangig auf die psychologischen Auswirkungen der Gewalt. Er nutzt Gewalt als kommunikatives Mittel, um indirekt seine Ziele zu erreichen, wobei seine Kommunikation auf das Opfer gerichtet ist – dies kann ein Staat mit seinen Institutionen sein, aber es kann sich auch um Zivilisten handeln.

Walter Laqueur definierte Terrorismus bereits 1981 als »die Anwendung oder die Androhung der Anwendung von Gewalt, einer Kampfmethode oder einer Strategie, um bestimmte Ziele zu erreichen. […] Der Terrorismus zielt darauf ab, beim Opfer einen Zustand der Angst hervorzurufen, der rücksichtslos ist und nicht den humanitären Regeln entspricht […]. Public relations ist ein wesentlicher Faktor in der terroristischen Strategie.«[10] Laut Bruce Hoffman hat Terrorismus »unweigerlich politische Ziele und Motive, er ist gewalttätig – oder, was ebenso wichtig ist, er droht mit Gewalt […].«[11] Peter Waldmann sieht im Terrorismus die »planmäßige Vorbereitung gezielter Anschläge unter den schwierigen Bedingungen des Untergrunds und die Kalkulation des Schockeffekts«.[12] Im virtuellen Zeitalter erscheint diese Bestimmung obsolet, da es mittlerweile zahlreiche Lone Actors gibt, also Einzeltäter in der Tatausführung.

Allen Definitionen gemeinsam ist: Terrorismus ist mehr als Gewalt. Er ist eine bewusste Strategie – eine Form der Kommunikation mit mörderischen Mitteln. Der Täter will nicht nur Schaden anrichten, sondern eine Botschaft senden: an die Öffentlichkeit, an die Politik, an die Gesellschaft. Er will Angst säen, Vertrauen zerstören, Handlungsspielräume verschieben. Deshalb richtet sich Terrorismus häufig nicht gegen bewaffnete Gegner, sondern gegen Unbeteiligte. Je unvorhersehbarer, je brutaler und je symbolischer die Tat, desto größer ihre Wirkung. Und genau das macht Terrorismus zu einer Herausforderung für jede liberale Demokratie: Er funktioniert, weil wir uns betroffen fühlen.

Doch was passiert, wenn nicht erwachsene Fanatiker, sondern Teenager zu Terroristen werden? Dreizehn-, Fünfzehn- oder Siebzehnjährige, die sich online radikalisieren, Anschläge planen oder sich in ideologischen Echokammern verlieren – oft unerkannt von Eltern, Schule oder Gesellschaft? Diese Täter tragen Kapuzenpullis statt Uniformen, tippen in Foren, statt Bomben zu bauen, und sind doch genauso gefährlich. Denn sie handeln nicht aus klarer politischer Überzeugung, sondern aus einer Mischung aus Suche, Wut, Angst und Anerkennungsdrang. Radikalisierung im Jugendalter ist kein Einzelfall mehr, sondern ein wachsendes Phänomen. Sie geschieht leise, digital, unauffällig – bis es zu spät ist.

Teenager-Terrorismus

Obwohl Radikalisierung seit Jahrzehnten erforscht wird, gibt es eine besorgniserregende Forschungslücke, wenn es um jugendliche Täter geht. Viele Studien konzentrieren sich auf erwachsene Extremisten oder auf militärische Terrororganisationen[13], doch die Dynamiken, die speziell Teenager in diesen Sog ziehen, sind weit weniger gut verstanden. Wie unterscheiden sich die psychologischen und sozialen Faktoren bei Jugendlichen von denen Erwachsener? Welche Rolle spielen moderne digitale

Plattformen in der Radikalisierung Heranwachsender? Und warum sind viele Präventionsprogramme nur begrenzt erfolgreich? Dieses Buch setzt genau hier an – um Licht in einen Bereich zu bringen, der trotz wachsender Bedrohung noch immer viel zu wenig erforscht ist.

Der Begriff »Teenager-Terrorismus« selbst ist umstritten, weil er tiefgreifende ethische, rechtliche und gesellschaftliche Fragen aufwirft. Letztlich geht es darum, reale Risiken von moralischer Panik zu trennen und langfristige, nachhaltige Lösungen zu entwickeln. Ohne eine wissenschaftliche Debatte bleibt der Teenager-Terrorismus entweder ein blinder Fleck oder ein Instrument politischer Instrumentalisierung – beides wäre fatal für die Sicherheit und die Zukunft junger Menschen.

Eines ist dabei klar: Die Gefahr wächst. Radikale Ideologien, digitale Manipulation und soziale Isolation erschaffen eine neue Generation extremistischer Jugendlicher, die nicht in klassischen Terrornetzwerken beginnt, sondern oft in Gaming-Foren, Telegram-Chats oder YouTube-Algorithmen. Wer verstehen will, warum Kinder und Jugendliche zu Attentätern werden, muss über einfache Sicherheitsmaßnahmen hinausdenken. Es braucht eine tiefgehende Analyse, die psychologische, soziale, ideologische und technologische Faktoren kombiniert – denn Extremismus ist kein spontanes Phänomen, sondern das Ergebnis eines schleichenden Prozesses. Teenager-Terrorismus ist nicht einfach das Resultat individueller Fehlentscheidungen, sondern spiegelt strukturelle Defizite der Gesellschaft wider: die Bildungskrise, mediale Überflutung, den Verlust von kritischem Denken und eine zunehmende Emotionalisierung des Diskurses. Teenager-Terrorismus ist damit ein Frühwarnsystem für gesellschaftliche Probleme: Wo Jugendliche radikal werden, gibt es oft tieferliegende soziale Krisen. Und während die Gesellschaft noch nach Erklärungen sucht, wächst in den Schatten bereits die nächste Generation heran.

Die Muster des Teenager-Terrorismus verändern sich dabei stetig. Während frühere Radikalisierungswege oft über persönliche Kontakte oder religiöse Gruppen führten, sind heute anonyme Online-Communitys der wichtigste Rekrutierungsraum. Extremistische Inhalte verbreiten sich durch virale Trends, die gezielt auf die digitale Jugendkultur zugeschnitten sind. Auch die Taten selbst haben sich verändert: Statt auf große, koordinierte Anschläge setzen viele jugendliche Täter auf Einzeltäterstrategien, inspiriert durch Amokläufe und ideologische »Manifeste«.[14] Der moderne Teenager-Terrorismus ist dezentraler, schwerer zu überwachen und oft unvorhersehbar – eine Entwicklung, die Sicherheitsbehörden weltweit vor neue Herausforderungen stellt.

Doch Teenager-Terrorismus bleibt auch deshalb ein weitgehend unerforschter und verhüllter Bereich, da er in vielen Gesellschaften mit einem Tabu belegt ist. Die Vorstellung, dass junge Menschen, die in einer Phase der Entwicklung und Orientierung stecken, zu solch gewaltsamen, ideologisch motivierten Handlungen fähig sind, stellt eine erschütternde Realität dar, die viele nicht begreifen wollen. In der Gesellschaft existiert eine tiefe Verdrängung der Tatsache, dass Jugendliche in extremistische Ideologien abrutschen können – nicht zuletzt aus der Angst heraus, dass der Jugendschutz und das Bild der unschuldigen Jugend durch diese dunklen Realitäten infrage gestellt werden. Es herrscht ein tief verwurzeltes Bedürfnis, diese Welt vor den Augen der Öffentlichkeit zu verbergen, aus Sorge, die ohnehin schon verletzlichen Jugendlichen könnten durch die bloße Diskussion noch weiter stigmatisiert werden. Doch in dieser dramatischen Leere aus Verleugnung und Ignoranz wird nicht nur der Dialog über die Ursachen und Lösungen behindert, sondern die Gesellschaft nimmt auch die Gefahr in Kauf, dass die Mechanismen, die Teenager zu radikalisierten Taten treiben, unbemerkt weiterwachsen.

Das Thema des Teenager-Terrorismus wird außerdem oft vernachlässigt, weil es in der öffentlichen Wahrnehmung als »fern« oder als Problem, das »andere« betrifft, wahrgenommen wird – eine verzerrte Sichtweise, die die tatsächliche Bedrohung unterschätzt. In vielen Gesellschaften wird Radikalisierung als ein Problem für Erwachsene oder bestimmte Randgruppen angesehen, das in sozialen Brennpunkten oder auf Überwachungslisten gedeiht, während die potenzielle Anfälligkeit von Jugendlichen zu selten anerkannt wird. Wir denken, Terror käme von außen. Wir glauben, Feinde würden Grenzen überschreiten, Waffen tragen, Fahnen schwenken. Doch die Realität ist viel erschreckender: Die neuen Krieger tragen keine Uniform – sie tragen Schulrucksäcke. Sie stammen nicht unbedingt aus Krisengebieten, sondern aus ganz normalen Nachbarschaften. Sie wachsen in westlichen Demokratien auf, gehen zur Schule, haben Freunde – und können dennoch in den Extremismus abrutschen.

Denn es sind gerade die jungen Menschen in einer Phase der Selbstfindung und Identitätsbildung, die besonders anfällig für radikale Ideologien sind, die ihnen einfache Antworten auf ihre komplexen Fragen bieten. Doch die komplexen psychologischen, sozialen und digitalen Mechanismen, die zu diesem Phänomen führen, sind für viele nicht greifbar oder werden als zu schwierig oder unangenehm angesehen, um sich ernsthaft damit auseinanderzusetzen. Teenager-Terrorismus ist ein Riss mitten durch unsere Gesellschaft – weil er dort entsteht, wo Jugendliche sich übersehen, missverstanden, entwurzelt fühlen.

Wer sich radikalisiert, tut das nicht im luftleeren Raum. Er lernt in Klassenzimmern, surft in denselben Netzwerken, lebt oft in Reichweite unserer Blicke – und doch jenseits unserer Aufmerksamkeit. Wenn aus Kindern Täter werden, ist das nicht nur ihr Versagen. Es ist auch unseres. Denn wo Erwachsene nicht zuhören, tun es andere. Und nicht jeder, der zuhört, meint es gut.

Das Thema wird also auch oft verdrängt, weil es unangenehme Fragen aufwirft, die die gesellschaftlichen Strukturen betreffen: Warum sind Jugendliche so leicht manipulierbar? Welche Rolle spielen die digitale Welt und die Art, wie Extremisten soziale Medien nutzen, um junge Menschen zu erreichen? Und vor allem, warum sind wir als Gesellschaft nicht besser darin, Jugendliche in ihrer Entwicklung zu begleiten und vor diesen Gefahren zu schützen? Der Fokus auf Teenager-Terrorismus erfordert eine Auseinandersetzung mit Fragen der sozialen Integration, der Erziehung und der politischen Verantwortung – Themen, die oft komplex und politisch heikel sind. Anstatt das Problem aktiv anzugehen, wird es oftmals als zu groß, zu abstrakt oder zu »unbequem« angesehen, um es auf die Agenda zu setzen.

Teenager-Terrorismus ist ein disruptiver Prozess, weil er gesellschaftliche Normen, Sicherheitsstrukturen und Radikalisierungsmechanismen in einer neuen, unberechenbaren Weise verändert. Er führt zu Misstrauen und Polarisierung in der Gesellschaft. Er schürt Ängste, befeuert Vorurteile und kann den sozialen Zusammenhalt und den gesellschaftlichen Frieden destabilisieren. Anders als klassische Terrororganisationen, die auf strikten Hierarchien und langfristigen Strategien beruhen, ist der moderne Teenager-Terrorismus dezentralisiert, digital vernetzt und emotional getrieben. Und er hat eine globale Dimension: Ein Jugendlicher in Deutschland kann sich gleichzeitig von

Attentaten in Neuseeland oder Syrien inspiriert fühlen. Diese neue Form von Extremismus untergräbt bestehende Sicherheitskonzepte und stellt Gesellschaften vor neue Herausforderungen.

Bisher gibt es wenig spezialisierte Forschung über Teenager-Terrorismus – das Buch könnte eine wissenschaftliche Lücke schließen. Durch die Kombination aus aktuellen Studien, psychologischen Analysen, der Schilderung von technologischen Entwicklungen und Präventionsstrategien kann das Buch eine einzigartige Perspektive bieten. Es ist nicht nur eine Warnung, sondern auch ein Leitfaden, um Extremismus unter Jugendlichen besser zu verstehen. Denn wer versteht, wie Radikalisierung funktioniert, kann sie auch verhindern.

Die Opferperspektive

Wenn über Teenager-Terrorismus gesprochen oder in den Medien berichtet wird, taucht ein beunruhigendes Phänomen auf: Die Opferperspektive wird ausgeblendet. Obwohl sie eine entscheidende Rolle spielt, wenn es um die gesellschaftliche und mediale Aufarbeitung von Terroranschlägen geht,[15] wird die Opferperspektive im Zusammenhang mit Teenager-Terrorismus häufig in den Hintergrund gedrängt. Stattdessen liegt der Fokus oft auf den Tätern, ihrer Radikalisierung, ihren Beweggründen und den Fehlern der Sicherheitsbehörden. Dies hat mehrere Gründe, die sowohl mit der Berichterstattung als auch mit psychologischen und gesellschaftlichen Mechanismen zusammenhängen.

Erstens herrscht die Faszination für den Täter und seine Radikalisierung vor. Wenn ein Jugendlicher zum Terroristen wird, wirft das viele Fragen auf: Warum hat er das getan? Was hat ihn radikalisiert? Welche Warnsignale gab es? Medien, Wissenschaftler und Sicherheitsbehörden konzentrieren sich stark auf diese Fragen, weil sie verstehen wollen, wie sich ein scheinbar »normaler« Jugendlicher in einen Mörder verwandelt. Dabei geraten die Opfer oft in den Hintergrund, da sie nicht in dieses Narrativ der Täteranalyse passen. Besonders in Fällen, in denen der Täter in Online-Foren aktiv war oder ein »Manifest« hinterlassen hat, beschäftigen sich Journalisten und Experten eher mit seinen Motiven, anstatt die Stimmen der Opfer in den Vordergrund zu rücken.

Zweitens herrscht die Tendenz vor, jugendliche Terroristen als »Opfer« von Umständen wie sozialer Isolation, psychischen Problemen oder gesellschaftlicher Vernachlässigung darzustellen. Besonders wenn es sich um junge Täter handelt, werden häufig Fragen nach ihrer schwierigen Kindheit, Mobbing-Erfahrungen oder fehlender Perspektive gestellt. Dadurch entsteht eine gefährliche Verschiebung der Perspektive: Der Täter wird zum »tragischen Produkt« der Gesellschaft stilisiert, während die Opfer unsichtbar bleiben. Wenn es auch wichtig ist, die Ursachen von Radikalisierung zu analysieren, darf dies nicht auf Kosten der eigentlichen Opfer geschehen. Besonders einsame, sozial isolierte oder gemobbte Jugendliche können in extremistischen Gruppen Anerkennung finden. Diese Gemeinschaften geben ihnen das Gefühl, endlich gesehen und verstanden zu werden – doch oft geschieht dies auf Kosten der Verachtung und Abwertung anderer.

Drittens lautet die Medienlogik: Sensationslust statt Empathie. Medien neigen dazu, Geschichten zu erzählen, die Schock, Drama und Aufmerksamkeit erregen.[16] Ein »normaler« Jugendlicher, der zum Terroristen wird, verkauft sich besser als die tragischen Geschichten der Opfer. Täter werden mit Fotos,

Hintergrundanalysen und persönlichen Details dargestellt, während Opfer oft nur als »Zahl« oder als kurze Erwähnung im Bericht erscheinen. In vielen Fällen wird ihr Leid erst dann thematisiert, wenn Angehörige oder Überlebende selbst aktiv ihre Stimme erheben. Doch oft ist der Schaden dann bereits angerichtet: Der Täter hat die Schlagzeilen dominiert, während das eigentliche menschliche Leid in den Hintergrund gerückt ist.

Die mediale Fokussierung auf den Täter verstärkt dann zusätzlich noch die digitale Glorifizierung, denn in Online-Communitys, besonders in rechtsextremen und nihilistischen Netzwerken, werden jugendliche Terroristen oft als Helden oder Märtyrer stilisiert. Diesem Mechanismus will dieses Buch keinesfalls Vorschub leisten. Die Trauer um die Opfer, deren Leben willkürlich und abrupt ausgelöscht wurde, war eine Motivation, es zu schreiben.[17]

Historische Herleitung und geopolitische Einordnung

Terrorismus war nie statisch, nie eine Konstante – er hat sich immer angepasst, weiterentwickelt, neu erfunden. In der antiken griechischen Welt gab es Fälle von jungen Attentätern, die aus politischer Überzeugung handelten. Das berühmteste Beispiel ist der Mord an Hipparchos, einem athenischen Tyrannen, im Jahr 514 v.Chr. durch Harmodios und Aristogeiton. Auch wenn diese Männer keine »Teenager« im modernen Sinne waren, handelte es sich um junge Erwachsene, die aus ideologischer und persönlicher Motivation Gewalt ausübten.

Vor diesem Hintergrund lohnt es sich, einen Blick auf die Geschichte des Terrors zu werfen. Der Begriff »Terror« stammt aus der Französischen Revolution bzw. der ihr nachfolgenden Schreckensherrschaft (»la grande terreur«) von 1793 bis 1794, symbolisiert durch das Instrument zur Vollstreckung der Todesstrafe, die Guillotine. Er bezog sich auf durchorganisierte und -orchestrierte staatliche Gewalt.[18] Bis heute schwingt das Bild mit, dass der Terror von einer gruppenförmigen Elite innerhalb einer Gesellschaft ausgeht, zumal sich viele Terrorbewegungen vom Glauben, dass ein radikaler Bruch in der Gesellschaft möglich sei, angezogen fühlten.

Totalitäre Regime haben Jugendliche schon immer systematisch als »Werkzeuge« für Gewalt, Terror und Unterdrückung missbraucht.[19] Durch Indoktrination, militärische Erziehung und sozialen Druck werden junge Menschen zu loyalen Anhängern geformt, die bereit sind, im Namen des Regimes zu töten, zu denunzieren oder sich an staatlich legitimierter Gewalt zu beteiligen. Besonders perfide ist, dass viele Jugendliche in diesen Strukturen bereits im Kindesalter durch Propaganda und Gruppenzwang radikalisiert werden, sodass sie ihre eigene Rolle als Täter oft gar nicht mehr hinterfragen.

In George Orwells Roman *1984* gibt es die »Spione« – eine Jugendorganisation, in der Kinder ihre eigenen Eltern ausspionieren und ans Regime verraten. Orwell zeigt hier, wie leicht junge Menschen durch Propaganda und Gruppenzwang manipulierbar sind, wenn sie in einem System aufwachsen, das ihnen Feindbilder liefert und Loyalität zur »Partei« über alles stellt.[20] Ähnliche Dynamiken lassen sich im realen Phänomen des Teenager-Terrorismus beobachten. Jugendliche, die in extremistische Gruppen abrutschen, sind oft auf der Suche nach Orientierung, Zugehörigkeit oder Bedeutung – Bedürfnisse, die solche Gruppen gezielt ausnutzen. Wie bei Orwells »Spionen« wird ihnen ein klares Feindbild vermittelt, gepaart mit dem Gefühl, Teil von etwas Größerem zu sein. Die Ideologie ersetzt persönliche Werte, der Gruppendruck verdrängt eigenes Urteilsvermögen. Die Mechanismen reichen von ideologischer Indoktrination über militärische Zwangsrekrutierung bis hin zu psychologischer Manipulation – sei es durch die Verheißung von Ruhm, durch Angst oder durch die Illusion von Macht und Bedeutung. So wird das Denken gelenkt, die Wut instrumentalisiert – und die Jugend zu einer Waffe gemacht, nicht selten gegen sich selbst.

Viele totalitäre Staaten setzen auf Jugendorganisationen, um junge Menschen systematisch an die Staatsideologie zu binden und sie für Gewalt oder militärische Zwecke verfügbar zu machen. In der Geschichte gibt es zahlreiche Beispiele, von der Hitlerjugend in der NS-Zeit bis zu den Kommunistischen Roten Garden in China während der Kulturrevolution, in denen Millionen Jugendliche zu fanatischen Vollstreckern der kommunistischen Säuberungen gemacht wurden. Diese Programme hatten oft das Ziel, eine neue Generation heranzuziehen, die kompromisslos an das Regime glaubte und bereit war, für dessen Ideale zu kämpfen – selbst wenn es Gewalt oder Terrorismus bedeutete.

Ein grausames Beispiel für die systematische Instrumentalisierung von Jugendlichen durch ein totalitäres Regime ist Kambodscha unter der Herrschaft der Roten Khmer (1975–1979).[21] Pol Pot und die Führung der Roten Khmer rekrutierten junge, ungebildete Bauernkinder, denen sie ein radikales Klassenbewusstsein einimpften und sie dazu brachten, jeden zu verfolgen, der als »Feind der Revolution« galt – darunter Lehrer, Intellektuelle und selbst ihre eigenen Familienmitglieder. Sie wurden in Umerziehungslagern indoktriniert und emotional abgestumpft und entwickelten sich zu Kämpfern, Gefängniswärtern, Folterern und brutalen Vollstreckern, die in Einrichtungen wie dem berüchtigten Foltergefängnis Tuol Sleng (S21) arbeiteten und dort Tausende von Menschen grausam ermordeten. Ihre Loyalität galt einzig der Ideologie der Roten Khmer – eines Regimes, das in nur vier Jahren schätzungsweise zwei Millionen Menschen durch Hinrichtungen, Zwangsarbeit und Hungersnöte sterben ließ. Der Missbrauch von Jugendlichen als fanatische Täter war ein strategischer Bestandteil der Machtsicherung des Regimes, denn sie waren formbar, brutal und hatten keine Erinnerung an ein anderes System als die blutige Herrschaft der Roten Khmer.

In vielen Regionen des arabischen und afrikanischen Raums ist die Jugend nicht nur zahlreich, sondern oft auch chancenlos. In Ländern mit hoher Arbeitslosigkeit, schwacher Bildung, autoritären Regimen und bewaffneten Konflikten wächst eine Generation heran, die sich von ihrer Gegenwart verraten und von der Zukunft vergessen fühlt. Wo Bildung fehlt, Perspektiven verschwimmen und staatliche Strukturen versagen, entsteht ein Vakuum, das Extremisten mit erschreckender Effizienz füllen. Der junge Mensch wird nicht nur zum Werkzeug, sondern zur Waffe – nicht selten bereit, sich selbst zu opfern, weil ihm nie beigebracht wurde, dass sein Leben etwas wert ist. Genau hier setzen Terrorgruppen an: Sie rekrutieren nicht aufgrund von ideologischer Überzeugung, sondern aufgrund von Perspektivlosigkeit. Ob Al-Shabaab in Somalia, Boko Haram in Nigeria, IS-Ableger in Nordafrika oder dschihadistische Zellen im Sahel: Jugendliche, oft zwischen zwölf und achtzehn Jahren, werden gezielt angesprochen oder entführt, manipuliert, als Kämpfer ausgebildet oder »umprogrammiert« und für Selbstmordattentate missbraucht.[22] Sie bekommen eine Waffe, eine Uniform, eine Rolle. In einer Welt, in der sie sonst nichts zählen, werden sie plötzlich zu Akteuren – gefährlich, tödlich, geopolitisch relevant.

Auf Sri Lanka rekrutierten die Tamil Tigers (LTTE) in den 1980er- und 1990er-Jahren junge Menschen für ihre militärischen Reihen, indem sie ihnen Zugehörigkeit und einen Lebenszweck boten. Jugendliche, darunter auch Mädchen, wurden gezwungen, an Terroranschlägen und Selbstmordmissionen teilzunehmen.[23] In Pakistan und Afghanistan radikalisieren die Taliban gezielt Jugendliche in religiösen Schulen (Madrassas). In Indien gibt es sowohl islamistische als auch hindu-nationalistische Extremismen, die Jugendliche für politische Zwecke mobilisieren. In Myanmar wurden Jugendliche in den Konflikt um die Rohingya-Krise involviert, sowohl von der Armee als auch von bewaffneten Gruppen.

Auch lateinamerikanische Diktaturen haben im 20. Jahrhundert systematisch Jugendliche für politische Gewalt und Terror instrumentalisiert, sei es durch Zwangsrekrutierung in staatliche Repressionsapparate, paramilitärische Gruppen oder radikalisierte Guerillabewegungen. In Ländern wie Argentinien, Chile, Kolumbien und El Salvador wurden Teenager gezielt eingesetzt, um entweder für die Regime oder gegen sie zu kämpfen – oft ohne eine Wahl. Diese Jugendlichen wurden nicht nur als Kämpfer, sondern auch als Informanten, Attentäter und ideologische Symbole für den »revolutionären Kampf« oder die »nationale Sicherheit« benutzt. Während der Militärdiktatur in Argentinien (1976–1983) wurden rechtsgerichtete Todesschwadronen und paramilitärische Einheiten mit jungen Kämpfern gefüllt, die auf Oppositionelle angesetzt wurden. Diese Jugendlichen wurden mit ultranationalistischen und antikommunistischen Ideologien indoktriniert und oft dazu gebracht, ihre eigenen Landsleute zu überwachen, zu foltern oder zu ermorden. Gleichzeitig rekrutierten linke Guerillabewegungen wie die argentinischen Montoneros oder die FARC in Kolumbien systematisch junge Menschen für bewaffnete Aufstände, indem sie ihnen eine vermeintlich revolutionäre Mission aufzwangen. In El Salvador während des Bürgerkriegs (1980–1992) kämpften ganze Kindersoldateneinheiten auf beiden Seiten des Konflikts, oft unter Zwang und mit massiver ideologischer Manipulation. Der Terrorismus der lateinamerikanischen Diktaturen hat damit nicht nur eine Generation geprägt, sondern auch langfristige Gewaltstrukturen geschaffen, die bis heute existieren.[24]

In bewaffneten Konflikten weltweit werden Jugendliche als Täter von terroristischen Handlungen eingesetzt – oft als Teil von asymmetrischer Kriegsführung, wo staatliche und nichtstaatliche Akteure gezielt auf die Anfälligkeit junger Menschen setzen. Teenager werden entweder zwangsrekrutiert, ideologisch indoktriniert oder von den sozialen und politischen Umständen in den Terrorismus gedrängt.

Während des Bosnienkriegs (1992–1995) wurden viele Jugendliche durch ethnische Propaganda, Traumata und soziale Spaltung in die Gewalt hineingezogen, was in einigen Fällen zu einer Form von Teenager-Terrorismus führte. Minderjährige wurden nicht nur als Kämpfer in paramilitärischen Einheiten rekrutiert, sondern auch durch extremistische Ideologien beeinflusst – sei es durch nationalistische Milizen oder ausländische Dschihadisten, die in Bosnien operierten. Der Krieg legte nicht nur Städte in Trümmer, sondern zerstörte ganze Seelenlandschaften. Eine Generation junger Menschen – Kinder, die zu Kämpfern wurden, Jugendliche, die mit Hass aufwuchsen, Mädchen, die ihre Kindheit in Kellern, Lagern oder auf der Flucht verloren – trägt bis heute die unsichtbaren Narben eines Kriegs, den sie nie gewählt haben. Viele leben heute mit Traumata, Sprachlosigkeit und innerer Leere, und ihre Kinder spüren diese Erschütterung noch immer – weitergegeben wie ein stilles Erbe aus Angst, Wut und Verlust.

Besonders alarmierend war die Rolle islamistischer Gruppen, die nach dem Krieg versuchten, frühere jugendliche Kämpfer für transnationale Terrornetzwerke zu gewinnen, was Bosnien zu einem Rekrutierungsgebiet für den globalen Dschihad machte. Zugleich führten die mangelnde Aufarbeitung der Kriegsverbrechen und die fortdauernde ethnische Spaltung dazu, dass auch Jahrzehnte später nationalistische Narrative gepflegt wurden, die neue Generationen für extremistische Ideologien anfällig machten. Damit zeigt der Bosnienkrieg, wie jugendliche Radikalisierung durch Krieg, Identitätskonflikte und ungelöste Traumata langfristige Sicherheitsrisiken erzeugen kann.[25]

Der Teenager-Terrorismus zeigt seine hässliche Fratze auch im wieder eskalierten Konflikt zwischen Israel und Palästina.[26] Der Konflikt zwischen israelischen und palästinensischen Teenagern ist stark von Traumata, Ideologie und Generationenweitergabe von Feindbildern beeinflusst. Während palästinensische Jugendliche oft in einem Umfeld aufwachsen, das von Besatzung, Armut und militärischer Gewalt geprägt ist, erleben israelische Jugendliche den Konflikt durch Terroranschläge, Sicherheitsängste und Wehrpflicht. Extremistische Gruppen auf beiden Seiten instrumentalisieren diese jungen Menschen, indem sie sie als Symbole des Widerstands oder als Soldaten für ihre Sache rekrutieren – sei es durch Online-Propaganda, paramilitärische Ausbildung oder direkte Indoktrination.

Weltweit wirkt sich dieser Konflikt radikalisierend aus. Es kursieren zahlreiche Fake News, die gerade junge Leute ansprechen. Und mit »Pepe dem Frosch« wird ein vermeintlich freundliches Meme zum antisemitischen Symbol. Ohne gezielte Bildungs- und Friedensinitiativen, psychologische Unterstützung und die Entschärfung politischer Spannungen wird die Gewalt von Generation zu Generation weitergetragen, wodurch der Teenager-Terrorismus zu einer tragischen Normalität wird.

Motivation von Teenager-Terroristen im Nahostkonflikt

Motivation	Palästinensische Jugendliche	Israelische Jugendliche
Politische Ideologie	Anti-Besatzungs-Protest, Widerstand gegen Israel	Radikaler Nationalismus, religiöse Überzeugung
Religiöser Fanatismus	Islamistische Radikalisierung (Hamas, Dschihad)	Messianische Ideen in der Siedlerbewegung
Rache und Trauma	Verlust von Angehörigen, Gewalttraumata	Reaktion auf palästinensische Anschläge
Sozialer Druck	Gruppenzwang, Familienerwartungen	Zugehörigkeit zu extrem-nationalistischen Gruppen
Suche nach Bedeutung	Märtyrer-Kult, Heldenstatus	Gefühl, Teil einer »heiligen Mission« zu sein

Eigene Darstellung

Der völkerrechtswidrige Angriffskrieg von Russland gegenüber der Ukraine hat nicht nur eine massive humanitäre Krise ausgelöst, sondern auch neue Formen der Radikalisierung und Rekrutierung von Jugendlichen für extremistische Zwecke und eine neue Dimension des ideologisch motivierten Teenager-Terrorismus hervorgebracht. Seit dem Beginn des Angriffskriegs im Februar 2022 hat die russische Regierung verstärkte Anstrengungen unternommen, um die Jugend des Landes patriotisch und militärisch zu beeinflussen. Ein zentrales Instrument dieser Bemühungen ist die Junarmija, eine vom Verteidigungsministerium initiierte Organisation. Die Jugendarmee führt militärische Grundausbildungen durch, bei denen junge Mitglieder den Umgang mit verschiedenen Waffensystemen erlernen, mit Ausnahme von Raketen. Diese Aktivitäten sind Teil einer breiteren Strategie zur Militarisierung der russischen Gesellschaft, die darauf zielt, patriotische Werte zu fördern und die Unterstützung für staatliche Ziele zu stärken. Diese staatlich geförderte Militarisierung der Jugend kann als Form der Radikalisierung betrachtet werden, da sie darauf zielt, junge Menschen frühzeitig für militärische und ideologische Zwecke zu gewinnen. Durch die Einbindung in solche Organisationen werden Jugendliche in ihrer Wahrnehmung und ihrem Verhalten beeinflusst, was langfristige Auswirkungen auf die Gesellschaft haben kann. Es ist daher wichtig, diese Entwicklungen kritisch zu beobachten und ihre Auswirkungen auf die Jugend und die Gesellschaft insgesamt zu analysieren.

Im Zeitalter der sozialen Medien findet ein erheblicher Teil des Kriegs nicht nur auf dem Schlachtfeld, sondern auch online statt. Besonders junge Menschen werden über Telegram-Kanäle, TikTok-Videos und Meme-Kultur in nationalistische, rechtsradikale oder militärische Ideologien hineingezogen. So wurden offenbar über Telegram (der Gründer lebt mittlerweile in Russland) zwei Teenager von fünfzehn und siebzehn Jahren rekrutiert, um in der Westukraine Terroranschläge zu verüben.[27] Russland hat junge Menschen in seinen »Trollfabriken« eingesetzt, wo sie Desinformationen erstellen und verbreiten und die öffentliche Meinung manipulieren. Diese Aktivitäten richten sich sowohl an nationale als auch an internationale Zielgruppen.

Doch nicht nur Russland nutzt Desinformation und Propaganda, um Jugendliche für den Kampf gegen den Westen zu mobilisieren.[28] Ukrainische Milizen und nationalistische Gruppierungen nutzen ebenfalls digitale Netzwerke, um junge Menschen zu radikalisieren, indem Gewalt, Heldentum und Kriegsromantik verherrlicht werden. Junge Hacker und Freiwillige sind in digitalen Angriffen gegen russische Infrastruktur aktiv. Extremistische Gruppen beider Seiten versuchen, jugendliche Kämpfer zu rekrutieren, die als Partisanen oder in verdeckten Sabotageaktionen eingesetzt werden. Diese Hybrid-Kriegsführung kann langfristig zu einer neuen Welle des Teenager-Terrorismus führen, wenn junge Menschen, die heute in digitalen oder realen Kämpfen aktiv sind, auch nach Kriegsende ihr extremistisches Gedankengut und ihre Gewaltbereitschaft beibehalten.

Die Auswirkungen des Russland-Ukraine-Kriegs auf die Radikalisierung gehen jedoch weit über die direkten Kriegsparteien hinaus. In Europa und den USA gibt es bereits Anzeichen, dass extremistische Gruppen – von Neonazis bis hin zu linksextremen Milizen – den Krieg als Training oder Ideologiequelle nutzen. Jugendliche, die sich von der »Sache« inspiriert fühlen, könnten in Zukunft Terroranschläge im Namen des Konflikts begehen, sei es durch Racheakte, Sabotage oder politische Gewalt gegen vermeintliche Feinde. Auch die ideologische Manipulation funktioniert über die Grenzen Russlands hinaus: Das russische Staatsfernsehen hatte Ende Januar 2016 berichtet, eine dreizehnjährige Russlanddeutsche aus Berlin sei von arabischen Flüchtlingen vergewaltigt worden. Die deutschen Behörden wollten das vertuschen, lautete der harsche Vorwurf. Dabei hatte Lisa gelogen, wie die Polizei später ermittelte. Hunderte Russlanddeutsche glaubten der Propaganda einer medialen Parallelwelt und demonstrierten an verschiedenen Orten in Deutschland.[29] Es zeigte sich, wie einfach sich ein Bevölkerungsteil durch manipulative Berichterstattung aufwiegeln ließ. Generell scheint eine derartige Strategie von Staaten wie Russland ein perfides Mittel zu sein, um Menschen zu radikalisieren und den Westen dadurch zu schwächen.

Auswirkungen der Eskalation globaler Konflikte auf Teenager-Terrorismus

Faktor	Nahostkonflikt	Ukraine-Krieg
Radikalisierung durch soziale Medien	Gezielte Verbreitung extremistischer Inhalte, die Jugendliche beeinflussen.	Russische und westliche Propaganda beeinflusst junge Menschen.
Polarisierung und Extremismus	Antisemitismus und Islamfeindlichkeit nehmen zu, Jugendliche werden emotional aufgeladen.	Nationale Identitäten werden stärker betont, extremistisches Denken wird verstärkt.
Rekrutierung durch Terrororganisationen	Terrorgruppen wie Hamas und IS versuchen, junge Menschen zu rekrutieren.	Söldnergruppen und paramilitärische Organisationen versuchen, junge Menschen anzuwerben.
Misstrauen gegenüber Regierungen	Wachsende Skepsis gegenüber politischen Lösungen und demokratischen Institutionen.	Misstrauen gegenüber Medien und Politik steigt, Verschwörungstheorien nehmen zu.

Faktor	Nahostkonflikt	Ukraine-Krieg
Zunahme von Gewaltfantasien	Gewalt als legitimes Mittel zur Konfliktlösung wird normalisiert.	Faszination für militärische Gewalt und Heldennarrative wächst.
Propaganda und Verschwörungstheorien	Zunahme antiwestlicher oder radikalreligiöser Narrative in Online-Foren.	Desinformation über den Krieg führt zu Radikalisierung und Feindbildern.
Identitätskrise und Ideologisierung	Jugendliche aus muslimischen oder jüdischen Familien fühlen sich stärker unter Druck gesetzt.	Junge Menschen suchen klare Zugehörigkeit – entweder prowestlich oder prorussisch

Eigene Darstellung

Besonders in modernen totalitären Regimen spielt der digitale Raum eine immer größere Rolle in der Indoktrination von Jugendlichen. Staaten wie Nordkorea, Russland oder bestimmte extremistische Gruppierungen in Nahost setzen auf eine Mischung aus Propaganda, digitaler Überwachung und Zwangsrekrutierung, um junge Menschen für ihre Zwecke zu nutzen. Dabei werden sie entweder direkt als Kämpfer eingesetzt oder subtil durch sozialen Druck und ideologische Schulungen radikalisiert, bis sie bereit sind, selbst zu handeln. Teenager-Terrorismus in totalitären Systemen ist daher oft ein bewusst geformtes Phänomen, bei dem junge Menschen systematisch auf Feinde eingeschworen und von klein auf an Gewalt als legitimes Mittel gewöhnt werden. Kinder werden als Denunzianten, Spione oder sogar Kindersoldaten missbraucht, um Regimegegner zu verfolgen oder terroristische Anschläge auszuführen. Totalitäre Systeme nutzen die Formbarkeit junger Menschen gezielt aus, um eine Generation heranzuziehen, die nicht mehr fragt, sondern nur noch gehorcht – ein Muster, das sich in moderner Form auch in digitalen Radikalisierungsnetzwerken und bei extremistischen Bewegungen wiederholt.[30]

In Nordkorea beginnt die staatliche Indoktrination bereits im Kindesalter. Jugendliche werden in strengen Systemen erzogen, die absolute Loyalität gegenüber dem Führer und der Ideologie verlangen. In Jugendorganisationen wie dem Sozialistischen Jugendbund wird das Denunziantentum gefördert, und Feindbilder gegen den Westen oder gegen »Verräter« werden fest eingebrannt. Obwohl Nordkorea keinen klassischen Teenager-Terrorismus im Sinne westlich geprägter radikaler Jugendgewalt exportiert, zeigt das Regime, wie gefährlich es ist, wenn junge Menschen nicht lernen dürfen, selbstständig zu denken. Die ideologische Manipulation kann dazu führen, dass Jugendliche selbst Gewalt und Unterdrückung befürworten – oder sogar bereit sind, sie aktiv auszuüben, überzeugt davon, das Richtige zu tun.[31] Damit wird deutlich: Auch ohne Terror nach außen kann ein System im Inneren die Jugend ihrer Freiheit und Menschlichkeit berauben – und sie so unbewusst zu Tätern machen.

Die gefährlichste Konsequenz dieser Verbindung zwischen totalitären Strukturen und Teenager-Terrorismus liegt in ihrer Langzeitwirkung. Jugendliche, die in solchen Regimen aufwachsen, entwickeln oft ein verzerrtes Verständnis von Moral und Realität, das über Jahre hinweg anhält – selbst wenn das Regime fällt. Viele von ihnen bleiben radikalisiert und setzen ihre Ideologie in neuen Konflikten fort. Einige schließen sich nach dem Zusammenbruch ihrer Regime terroristischen Organisationen an oder gründen eigene Gruppen, die den Kampf weiterführen.

Die Hitlerjugend

Die Hitlerjugend (HJ) war eine der effektivsten Radikalisierungsorganisationen der Geschichte, die gezielt Jugendliche auf eine extremistische Ideologie und den Krieg einschwor und sie zu fanatischen Kämpfern für das nationalsozialistische Regime machte.[32] Während sich die historische Hitlerjugend und der moderne Teenager-Terrorismus in ihren Strukturen unterscheiden, gibt es beunruhigende Parallelen zwischen den Mechanismen der damaligen NS-Indoktrination und heutigen Radikalisierungsprozessen von Jugendlichen in extremistischen Gruppen.

Frühzeitige ideologische Beeinflussung
Die Hitlerjugend war eine perfekte Propagandamaschine, die Jugendliche psychologisch formte und sie Gehorsam, Rassenhass und die Notwendigkeit des Kampfes für das »Vaterland« lehrte. Zeitungen, Bücher, Filme und Radioprogramme wurden gezielt genutzt, um Jugendliche zu indoktrinieren und so zu konditionieren, dass sie sogar ihre Familien oder Freunde verrieten, wenn diese »gegen das Regime« sprachen. Heute dient das Internet als Propagandawerkzeug, um Jugendliche gezielt zu beeinflussen. Besonders soziale Medien und Gaming-Plattformen werden genutzt, um Jugendliche in radikale Ideologien zu ziehen.

Manipulation durch Gemeinschaftsgefühl
Jugendliche wurden durch Gruppenzwang, Uniformen, Rituale und paramilitärische Strukturen in die Ideologie eingebunden. Die HJ war oft die einzige gesellschaftliche Perspektive für Jugendliche – genau wie sich heute viele Jugendliche in Online-Communitys und radikalen Peer-

Gruppen eine »Ersatzfamilie« suchen. Die Hitlerjugend war gleichwohl staatlich organisiert und zwangsweise verpflichtend. Heutige Radikalisierungsprozesse verlaufen oft freiwillig über digitale Medien und soziale Netzwerke. Die Gleichschaltung der Jugend findet subtiler statt als in vergangenen Epochen.

Feindbildkonstruktion

Juden, Kommunisten und »Feinde des Reichs« wurden als Bedrohung dargestellt, die es zu bekämpfen galt. Auch heute werden Jugendliche in extremistischen Netzwerken frühzeitig indoktriniert – sei es durch rechtsextreme, islamistische oder linksextreme Gruppen, die gezielt Feindbilder aufbauen und Hasspropaganda gegen »Ungläubige« und »Verräter« betreiben. Umgekehrt entspricht den NS-Heldengeschichten die heutige Glorifizierung von »Märtyrern« in terroristischen Gruppen.

Gewalt als legitimes Mittel und Lösung

Jugendliche wurden auf den Krieg vorbereitet und als »Fanatiker« geformt, die sich bedingungslos für das Regime opfern sollten. Während des Zweiten Weltkriegs setzte Adolf Hitler bewusst auf radikalisierte Jugendliche als letzte Verteidigung des Regimes. Vierzehn- bis Sechzehnjährige wurden mit Waffen ausgestattet und in aussichtslose Kämpfe gegen die Alliierten geschickt, darunter in den Volkssturm. Die Vorstellung, für eine »höhere Sache« zu sterben, ähnelte späteren islamistischen Selbstmordattentätern oder rechtsextremen »Lone Wolf«-Terroristen.[33] Ob im IS, in rechtsextremen Netzwerken oder in der Radikalisierung durch Milizen – Jugendliche werden auch heute in

Terrorcamps und paramilitärischen Trainings ausgebildet und als »billige, leicht manipulierbare Kämpfer« missbraucht, die für ein angeblich gerechtes Ziel in den Tod gehen sollen. Die NS-Propaganda vermittelte, dass selbst der Tod für Hitler besser sei als Kapitulation – ein Gedankengut, das in islamistischen Gruppen mit der »Märtyrer-Ideologie« heute wiederkehrt. Jugendliche, die von klein auf im NS-System aufwuchsen, waren oft die fanatischsten Kämpfer, weil sie nie eine andere Realität kannten. Heute rekrutieren extremistische Gruppen gezielt Jugendliche, weil sie wissen, dass sie formbarer, unkritischer und leicht zu manipulieren sind. Ob IS-Kinderkämpfer oder junge Rechtsextreme, die Attentate begehen – die Mechanismen ähneln sich stark.

Die Hitlerjugend war ein extremes Beispiel dafür, wie eine ganze Generation junger Menschen durch eine radikale Ideologie geformt und für Terror und Krieg missbraucht wurde. Dies zeigt, wie wichtig Prävention ist, um Jugendliche vor moderner Radikalisierung zu schützen. Jugendliche müssen lernen, Propaganda zu erkennen, damals in NS-Filmen, heute auf TikTok oder Telegram. Die Mechanismen der Früh-Indoktrination, Feindbildkonstruktion, Märtyrer-Kultur und Gewaltverherrlichung sind die gleichen, die auch den modernen Teenager-Terrorismus prägen. Wer verstehen will, wie Jugendliche in extremistische Ideologien gezogen werden, kann viel aus der Geschichte der Hitlerjugend lernen – und sie als Warnung nutzen, um Radikalisierung frühzeitig zu verhindern.

Kindersoldaten sind eines der brutalsten Beispiele dafür, wie Kinder und Jugendliche für Terror und Gewalt instrumentalisiert werden. Jugendliche haben in der Geschichte immer wieder eine bedeutende Rolle in Kriegen, Revolutionen und Konflikten gespielt. Oft wurden sie aus ideologischer Indoktrination, Not oder Zwang zu Kämpfern gemacht – sei es als Symbole des Widerstands oder als Kanonenfutter auf dem Schlachtfeld. Von der Antike bis zur modernen Kriegsführung hat ihr Einsatz nicht nur geopolitische Entwicklungen beeinflusst, sondern auch tiefe Spuren in betroffenen Gesellschaften hinterlassen.

Bereits in der Antike wurden jugendliche Kämpfer für politische und militärische Zwecke eingesetzt:[34] In Sparta wurden Kinder ab einem Alter von sieben Jahren in der Agoge, einem militärischen Erziehungssystem, zu Kämpfern und Kriegern erzogen. Gewalt und Härte galten als Tugenden. Im Mittelalter war der sogenannte Kinderkreuzzug von 1212 ein bekanntes Beispiel, bei dem Tausende Kinder und Jugendliche von religiösen Führern mobilisiert wurden, um ins Heilige Land zu ziehen. Viele starben auf dem Weg oder wurden versklavt. In den Koalitions- und Napoleonischen Kriegen im 18./19. Jahrhundert wurden Jugendliche in Massenarmeen rekrutiert, besonders im Rahmen der französischen »Levée en masse« (»Massenaushebung«). Während der Industriellen Revolution beteiligten sich viele Arbeiterkinder an Streiks und Aufständen gegen Fabrikbesitzer – oft einhergehend mit brutaler Repression.

Der Einsatz von Jugendlichen ist heute nicht auf einen bestimmten Kulturkreis oder Konflikt beschränkt, sondern ein globales Phänomen, das in Afrika, Asien, im Nahen Osten und sogar in Europa und Amerika vorkommt. Kindersoldaten sind damit ein immer noch aktuelles Phänomen. Trotz internationaler Bemühungen werden weiterhin Tausende Kinder zwangsrekrutiert. Doch es gibt Hoffnung: Mehr Länder setzen sich für die Befreiung und Reintegration von Kindersoldaten ein, und der Druck auf Regierungen und Milizen wächst.

Teenager-Terroristen und Kindersoldaten sind zwei Formen von radikalisierten, gewaltbereiten Jugendlichen, die durch Manipulation, Zwang oder ideologische Indoktrination zu Tätern gemacht werden. Während Kindersoldaten meist in Bürgerkriegsregionen zwangsrekrutiert oder unter Druck zu Kämpfern in militärischen Einheiten gemacht werden, entwickeln sich Teenager-Terroristen oft durch digitale Radikalisierung, soziale Isolation oder politische Ideologien zu Einzeltätern oder Mitgliedern von Zellen, die gezielte Anschläge verüben. Doch trotz dieser Unterschiede gibt es gemeinsame Muster in ihrer Rekrutierung, Manipulation und Instrumentalisierung durch radikale Netzwerke. Ein entscheidendes Verbindungselement ist, dass sowohl Kindersoldaten als auch Teenager-Terroristen gezielt in ihrer psychologischen Verwundbarkeit angesprochen werden, in einer Phase der Identitätsbildung, in der sie besonders empfänglich für einfache Antworten, starke Zugehörigkeitsgefühle und Feindbilder sind. Kindersoldaten werden oft durch Gewalt, Angst und Abhängigkeit an bewaffnete Gruppen gebunden, während radikalisierte Teenager durch digitale Plattformen, soziale Medien oder extremistische Ideologien indoktriniert werden. In beiden Fällen werden sie darauf konditioniert, Gewalt als legitimes Mittel zu betrachten – sei es im Namen eines Kriegsführers, einer Terrororganisation oder einer politischen Bewegung.

Heute werden Jugendliche in bewaffneten Konflikten und Kriegsgebieten weltweit von Milizen, Terrororganisationen und bewaffneten Gruppen rekrutiert, oft durch Zwang, Gehirnwäsche oder extreme Armut. Sie werden als Kämpfer, Spione, Selbstmordattentäter oder Sklaven missbraucht und oft gezwungen, grausame Taten zu begehen – nicht nur, um ihre eigene Menschlichkeit zu zerstören, sondern auch, um sie emotional an die Gruppe zu binden. Sie werden als Täter von terroristischen Handlungen eingesetzt – nicht selten als Teil von asymmetrischer Kriegsführung, wo staatliche und nichtstaatliche Akteure die Anfälligkeit junger Menschen ausnutzen. In Krisengebieten setzen terroristische Gruppen Kinder und Jugendliche gezielt ein, um feindliche Bewegungen auszuspionieren, militärische Stellungen auszukundschaften oder Informationen über Zivilisten und Sicherheitskräfte zu sammeln. Da Jugendliche oft nicht als Bedrohung wahrgenommen werden, können sie leichter an sensible Informationen gelangen, ohne Verdacht zu erregen. Diese Taktik zeigt, dass der moderne Terrorismus nicht nur auf direkte Gewalt setzt, sondern auch auf nachrichtendienstliche Methoden, um langfristig strategische Vorteile zu gewinnen.

Ein weiteres gefährliches Einsatzfeld ist der propagandistische Missbrauch von Teenagern. Extremistische Gruppen setzen gezielt auf die emotionale Wirkung von Videos, die jugendliche Kämpfer als »tapfere Helden« glorifizieren. Diese Art von Propaganda wird über soziale Medien und verschlüsselte Plattformen verbreitet, um weitere Jugendliche zu rekrutieren und sie von der »Ehre« des Terrors zu überzeugen – genauso wie Kindersoldaten in der Propaganda dieser Gruppen als »Helden« dargestellt werden. Besonders perfide ist dabei der »Familienterrorismus«, bei dem ganze Familien radikalisiert werden, um Anschläge gemeinsam auszuführen. In diesen Fällen, etwa im Kontext des IS, wachsen Kinder von klein auf in einem extremistischen Umfeld auf und sehen Terrorismus als normalen Teil ihres Lebens.[35] Der langfristige Missbrauch und die Früh-

Indoktrination schaffen eine neue Generation von Terroristen, die bereits als Jugendliche in den Kreislauf der Gewalt eintreten und für die Gewalt nicht mehr als moralisches Dilemma erscheint, sondern als vorbestimmte Realität und Normalität. Sie können sich später nur schwer von extremistischen Ideen lösen.[36]

Radikalisierung, Rekrutierung, Gewaltbereitschaft – eine Analyse

Warum sind Jugendliche anfällig für Extremismus?

Die Beteiligung von Teenagern an terroristischen Aktivitäten stellt eine der erschreckendsten Entwicklungen moderner Radikalisierungsprozesse dar. Was einst als unvorstellbar galt – dass Kinder und Jugendliche zu Tätern extremistischer Gewalt werden –, ist längst Realität. Dabei offenbart sich nicht nur die Brutalität der Taten, sondern auch das Versagen gesellschaftlicher Schutzmechanismen, was sich darin zeigt, dass generell politisch motivierte Gewalt, etwa mit Angriffen auf Juden, aktuell ansteigt.[1]

Wer über Teenager-Terrorismus schreiben will, muss die Sprache der Verlorenen verstehen – derjenigen, die in Kellern radikaler Gedanken versinken, während draußen die Welt weiterrauscht. Kein Kind wird als Terrorist geboren – doch das Internet, soziale Isolation und gezielte Manipulation formen aus orientierungslosen Jugendlichen eine neue Generation von Tätern. Der gefährlichste Terrorist ist daher nicht der, der bereits zur Waffe greift, sondern der Teenager, der gerade erst beginnt, an eine radikale Idee zu glauben.

Radikalisierung ist nicht einfach ein plötzlicher Meinungswechsel, sondern ein tiefgreifender psychologischer Prozess, der schrittweise abläuft und durch Identitätssuche, Gruppenzugehörigkeit und emotionale Beeinflussung verstärkt wird. Die Rede von Turbo- und Blitzradikalisierung, quasi über Nacht, kann als Mär abgetan werden.

Wer diesen Prozess versteht, kann besser erkennen, wann und wie man eingreifen muss, um Jugendliche vor extremistischen Strömungen zu schützen.

Jugendliche sind der »Brennpunkt« aller Radikalisierungsprozesse, weil sie emotional, sozial und kognitiv in einer besonders anfälligen Lebensphase sind. Die Jugendzeit ist geprägt von Identitätssuche, emotionaler Instabilität und Gruppenzugehörigkeit.[2] Doch während manche Jugendliche in Sport oder Kunst eine Ausdrucksform finden, geraten andere in Kreise, in denen Gewalt als legitime Antwort auf Ungerechtigkeit oder als Weg zur Selbstermächtigung dargestellt wird. Ein Teenager, der früher Musik und Fitnesstraining liebte, sieht nun nur noch die »Mission« – seine Hobbys, Träume und Freunde verblassen, weil er überzeugt wurde, dass alles andere bedeutungslos sei.

Die Frage, warum Teenager in das soziale Leben eintreten, von ihm abdriften oder sogar zu Terroristen werden, kann durch eine differenzierte Typologie betrachtet werden, die auf verschiedenen psychologischen, sozialen und ideologischen Faktoren basiert und die unterschiedlichen Wege und Gründe aufzeigt, warum Jugendliche sich entweder integrieren, entfremden oder radikalisieren.

Die Integration – die Suche nach Zugehörigkeit und Identität

Der Teenager, der aktiv am sozialen Leben teilnimmt, ist oft auf der Suche nach einer stabilen Identität und Zugehörigkeit. In dieser Phase des Lebens, in der die Pubertät eine Reihe emotionaler und psychologischer Umbrüche mit sich bringt, wollen viele Jugendliche das Gefühl haben, anerkannt und verstanden zu werden. Sie finden diese Zugehörigkeit durch Freundschaften, Vereine, Interessen oder auch durch eine tiefere Verbindung zu politischen oder sozialen Werten. Diese Jugendlichen engagieren sich in einem positiven sozialen Umfeld, sei es durch Sport, Kultur oder Gemeinwohlarbeit. Sie sind in der Lage, ihre Bedürfnisse nach Anerkennung auf gesunde und integrative Weise zu befriedigen, und entwickeln ein starkes Selbstwertgefühl, das sie im Rahmen eines unterstützenden sozialen Netzwerks stabilisiert.

Die Entfremdung – das Gefühl der Isolation und des Verlustes

Für andere Teenager wird das soziale Leben zunehmend zu einem Ort der Frustration und Entfremdung. Hier spielen familiäre Probleme, Mobbing, mangelnde Unterstützung oder auch das Fehlen von Perspektiven eine entscheidende Rolle. Diese Jugendlichen fühlen sich oft von der Gesellschaft ausgeschlossen, als Außenseiter, deren Ängste und Bedürfnisse nicht wahrgenommen werden. Sie sind anfällig für Gruppen oder Ideologien, die ein Gefühl der Zugehörigkeit und eine einfache Antwort auf ihre existenziellen Fragen bieten. Die Entfremdung führt dazu, dass sie sich aus dem sozialen Gefüge zurückziehen und den

Kontakt zu konstruktiven sozialen Mechanismen verlieren. Ihre Identität bleibt unsicher, was sie anfällig für Manipulationen und radikale Ideen macht, die ihnen sowohl ein Gefühl der Kontrolle als auch eine scheinbare moralische Klarheit bieten.

Die Radikalisierung – Die Suche nach einem höheren Zweck und Macht

Die dritte Kategorie umfasst jene Teenager, die durch ihre Entfremdung und den Mangel an stabilen Bindungen in die Arme von extremistischen Gruppen geraten. Hier spielt das Bedürfnis nach Macht, Zugehörigkeit und einem übergeordneten Sinn eine zentrale Rolle. Die Radikalisierung erfolgt oft in einem schleichenden Prozess, bei dem eine Ideologie oder Bewegung das Gefühl der Machtlosigkeit und Frustration in eine missionarische Haltung verwandelt. Extremistische Gruppen bieten diesen Jugendlichen eine klare Weltanschauung und das Gefühl, Teil einer größeren, »heiligen« Mission zu sein, die sie aus der Bedeutungslosigkeit heraushebt. Die Zugehörigkeit zu einer radikalisierten Gemeinschaft gibt den Jugendlichen nicht nur das Gefühl von Kontrolle und Überlegenheit, sondern auch eine vermeintlich gerechte Antwort auf die Ungerechtigkeiten, die sie in ihrer eigenen Welt erlebt haben. In dieser Phase wird Gewalt häufig als legitimes Mittel zur »Erlösung« oder zur »Verwirklichung des höheren Ziels« wahrgenommen.

Die Individuen tragen kein Kainsmal auf der Stirn, kein Etikett, auf dem geschrieben steht, dass sie Terroristen werden. Aber lässt sich eine terroristische Persönlichkeit ermitteln?[3] Gibt es im Lauf des Lebens Momente, die zur Radikalisierung führen, etwa innerhalb der Familie, der Schule oder im Berufsleben, oder handelt es sich bei den Tätern um »Sozialautisten«, die ihre Motivation daraus ziehen, dass sie zu keiner partnerschaftlichen Beziehung fähig sind? Ist ein Prozess der Radikalisierung zu erkennen, in den man noch hätte eingreifen können?

Identitätssuche

Die Gehirnforschung zeigt, dass das jugendliche Gehirn noch nicht vollständig entwickelt ist. Insbesondere der präfrontale Kortex, der für Impulskontrolle, kritisches Denken, langfristige Entscheidungen und Risikoabschätzung verantwortlich ist, ist bei Jugendlichen noch nicht vollständig ausgereift. Das bedeutet, dass sie emotionaler, risikobereiter und leichter zu beeinflussen sind – ein idealer Nährboden für radikale Ideen, wenn emotionale Auslöser wie Ungerechtigkeit oder Demütigung eine Rolle spielen. Diese biologischen Faktoren machen Teenager besonders anfällig für extremistische Ideologien, Gruppendruck und Manipulation. Terrororganisationen und radikale Netzwerke nutzen genau diese neurologischen Schwächen, um Jugendliche für ihre Zwecke zu gewinnen.

Jugendliche stehen an der Schwelle zwischen Kindheit und Erwachsensein – eine Zeit voller Unsicherheiten, Identitätskrisen und emotionaler Extreme. Faktoren für die Ausbildung extremistischen Denkens sind Leichtsinn, Abenteuerlust, Perspektiv- und Antriebslosigkeit, fehlende Toleranz und Probleme mit dem eigenen Ich nach der Entdeckung der Sexualität. Sexuelle Frustration ist beispielsweise ein wichtiges Momentum, um den rechten Einzeltäterterrorismus zu erklären.[4] In dieser

Phase sind Jugendliche besonders anfällig für Einflüsse, die ihnen Richtung, Zugehörigkeit und Bedeutung versprechen, selbst wenn diese in destruktive Bahnen führen.

Die Jugendlichen, die auf diese Weise in die radikale Welt hineinwachsen, sind häufig in ihrer Entwicklung noch nicht in der Lage, die langfristigen Folgen ihrer Taten zu begreifen oder ihre Handlungen im Kontext einer komplexen gesellschaftlichen Realität kritisch zu reflektieren. Ein Jugendlicher, der sich einmal in einer extremistischen Denkweise verfangen hat, kann schnell zum Überzeugungstäter werden – ohne die Tragweite seines Handelns wirklich zu begreifen oder zu verstehen, dass er selbst nur eine Schachfigur im Spiel der extremen Ideologen ist.

Ein weiteres psychologisches Phänomen ist die kognitive Dissonanz: Wenn ein Jugendlicher erst einmal in eine radikale Ideologie eingetaucht ist, fällt es ihm schwer, sich wieder davon zu lösen. Denn das würde bedeuten, sich einzugestehen, dass man auf eine Lüge hereingefallen ist – was psychologisch sehr unangenehm ist. Viele Jugendliche radikalisieren sich deshalb immer weiter, weil sie sich nicht eingestehen können oder wollen, dass sie falschliegen.[5]

Radikale Gruppen und totalitäre Regime haben verstanden, dass Jugendliche leichter formbar, manipulierbar und ideologisch aufladbar sind als Erwachsene, und nutzen verschiedene Techniken der Einflussnahme wie gezielte Indoktrination, soziale Isolation und digitale Radikalisierung, um Emotionen zu manipulieren, kritisches Denken auszuschalten und eine neue, fanatische Identität zu erschaffen. Dabei spielt das Belohnungssystem im Gehirn eine große Rolle: Die Zugehörigkeit zu einer extremistischen Gruppe gibt vielen Jugendlichen eine Dopamin-gesteuerte Befriedigung, weil sie das Gefühl bekommen, Teil von etwas Größerem zu sein. Hinzu kommt die emotionale Desensibilisierung, die durch Gewaltvideos, Online-Radikalisierung oder ideologische Gehirnwäsche verstärkt wird – Gewalt wird zur Normalität. Was als Neugier oder Unzufriedenheit beginnt, führt so zur völligen Kontrolle über Gedanken, Gefühle und Handlungen, bis nur noch Gehorsam und blindes Vertrauen in die Ideologie bleiben.

In dieser entscheidenden Lebensphase ist der Teenager nicht nur ein Bindeglied zwischen Kindheit und Erwachsenwerden, sondern ein Suchender, der sich zwischen Unsicherheiten, Träumen, Ideen, Wünschen und Widersprüchen bewegt. Er steht am Rande des Erwachsenwerdens, mit dem unstillbaren Drang, sich zu definieren, seine Welt zu verstehen und seinen Platz darin zu finden. Dabei ist er gleichzeitig zerbrechlich und mächtig, ungestüm und voller Potenzial. Was Teenager auszeichnet, ist ihre Fähigkeit, mit einer Mischung aus Idealismus und Zweifeln die Welt zu erobern – und dabei oft den Weg zu verlieren, nur um sich schließlich selbst zu finden. Es ist diese Zerrissenheit zwischen dem Drang nach Unabhängigkeit und dem Bedürfnis nach Zugehörigkeit, die sie zu den wahren Architekten einer neuen Ära macht. Doch gerade die Abenteuerlust eines Jugendlichen, gepaart mit der Sehnsucht nach einer höheren Mission, kann eine gefährliche Brücke zum Teenager-Terrorismus schlagen.

In dieser Phase des Lebens, in der die Welt noch ein unentdecktes Terrain voller Geheimnisse und Herausforderungen ist, sucht der junge Mensch nach einem idealisierten Sinn – einem großen Ziel, das ihn von der Masse abhebt. Figuren wie Robin Hood, der als Rächer der Unterdrückten gegen die Ungerechtigkeit kämpft und sich gegen die Mächtigen stellt, bieten einen verführerischen Archetyp des »Helden«, der in der Gesellschaft ein System der Rebellion und des Widerstands verkörpert. Dieser rebellische Geist kann leicht von radikalen Ideologien aufgegriffen werden, die den Terror als spannenden Kampf gegen das System inszenieren und ähnliche Feindbilder entwerfen – eine Welt der »Guten« gegen die »Bösen«. Radikale Ideologien bieten eine Möglichkeit, sich von Eltern, Schule oder gesellschaftlichen Normen abzusetzen. Was mit dem Streben nach Abenteuer beginnt, kann in den Fängen extremistischer Gruppen enden, die den jugendlichen Drang nach Auflehnung und Gerechtigkeit manipulieren. Der Teenager wird Teil einer »revolutionären« Bewegung, die vorgibt, für eine gerechtere Welt zu kämpfen, während sie zugleich gewaltsame und zerstörerische Mittel propagiert, die die Träume von Freiheit und Abenteuer in einen gefährlichen Strudel der Radikalisierung führen. Viele radikalisierte Jugendliche fühlen sich wie »Kämpfer für eine größere Sache«. Parallelen zu »Dark Heroes« in Filmen (z.B. *Joker*, *V for Vendetta*) schaffen eine emotionale Brücke. Jugendliche, die sich sozial isoliert fühlen oder keinen starken familiären Rückhalt haben, sind besonders anfällig für diese Art der Beeinflussung.

Jugendliche sind in der Phase der Identitäts- und Sinnsuche außerdem empfänglich für einfache Antworten auf komplexe Fragen. Extremistische Gruppen nutzen genau diese Unsicherheiten aus. Sie bieten Jugendlichen eine klare Weltanschauung und eine scheinbare Mission, die ihrem Leben Bedeutung gibt: »Wir gegen die anderen«, »Du gehörst zu den Auserwählten«, »Du kannst etwas verändern«. Besonders gefährdet sind Teenager, die sich isoliert fühlen – sei es durch familiäre Probleme, soziale Ausgrenzung oder psychische Belastungen. Radikalisierung gibt ihnen das Gefühl, endlich jemand zu sein – jemand, der verstanden wird, jemand, der »die Wahrheit« kennt. In einer Zeit, in der Jugendliche ohnehin mit starken Emotionen kämpfen, kann ein radikales Narrativ zur vermeintlichen Lösung all ihrer Konflikte werden.

Hassbotschaften sind dabei eine der gefährlichsten Triebkräfte für den Teenager-Terrorismus, weil sie direkt auf die psychologische und emotionale Verwundbarkeit junger Menschen zielen, diese Unsicherheit ausnutzen und Jugendliche in eine gewaltbereite Denkweise drängen. Hassbotschaften verstärken Gefühle von Wut, Angst oder Frustration, die Jugendliche ohnehin empfinden. Ob es sich um rechtsextreme, islamistische oder linksextreme Gruppen handelt – sie alle schaffen ein »Wir gegen die anderen«-Narrativ[6] und bringen Jugendliche dazu, die Schuld für ihre Probleme auf bestimmte Gruppen (»die Regierung«, »Migranten«, »Ungläubige«) zu projizieren. In dieser Welt gibt es keine Grauzonen – der Feind ist klar definiert, und der Weg zum »Heil« erscheint durch Gewalt und Rebellion gegen das bestehende System erreichbar.

Soziale Isolation und Gruppendynamik

Nie zuvor war eine junge Generation so vernetzt – und zugleich so einsam. Eine repräsentative Umfrage der Bertelsmann-Stiftung mit 2532 jungen Menschen vom März 2024 zeigt: Knapp die Hälfte (46 Prozent) der Sechzehn- bis Dreißigjährigen fühlt sich einsam. In dieser Gruppe fühlen sich 35 Prozent moderat einsam und etwa 10 Prozent sogar stark einsam. Das bedeutet, sie erfüllen einige oder alle Kriterien, die auf Einsamkeit hindeuten. Während der Covid-19-Pandemie waren junge Menschen am stärksten von Einsamkeit betroffen, wie das Einsamkeitsbarometer der Bundesregierung anhand von Zahlen aus 2021 belegt.[7]

Psychologisch gesehen sind Jugendliche in einer Phase der emotionalen Intensität und Identitätskrise, die mit einer Offenheit für soziale Beeinflussung und mit tiefsitzenden Ängsten wie der vor Isolation einhergeht. Teenager, die Diskriminierung, soziale Ungleichheit oder mangelnde Perspektiven erleben, können Wut und Frustration entwickeln. Wenn sie sich von der Gesellschaft ausgeschlossen fühlen, steigt die Anfälligkeit für radikale Ideologien, die ihnen das Gefühl vermitteln, Teil von etwas Größerem zu sein. Dann können extremistische Gruppen klassische soziale Bindungen, etwa zu Familie oder Schule, durch eine neue Gemeinschaft ersetzen, in der sich Jugendliche wertgeschätzt und verstanden fühlen. Die Ideologie bietet Jugendlichen dabei eine klare Identität und eine Struktur, die ihnen im Alltag oft fehlt, und dient als Werkzeug der Manipulation, um sie zu indoktrinieren und die Hemmschwelle für Gewalt zu senken.

Laut der Sozialpsychologie spielt der Wunsch nach Gruppenzugehörigkeit eine entscheidende Rolle bei der Radikalisierung:[8] Wer sich in der realen Welt ausgegrenzt oder missverstanden fühlt, sucht oft in Online-Communitys nach Anerkennung – und findet dort manchmal radikale Ideologien. Extremistische Gruppen präsentieren sich oft als starke Gemeinschaften, die dem Einzelnen ein Gefühl von Zugehörigkeit, Bedeutung und Macht vermitteln. Viele Jugendliche schließen sich extremistischen Gruppen nicht aus ideologischer Überzeugung an, sondern weil Freunde, Familie oder charismatische Anführer sie beeinflussen. Die Gruppenzugehörigkeit kann dabei einen starken psychologischen Druck erzeugen, der zur Akzeptanz von Gewalt als legitimem Mittel führt.

Auch der Druck von Gleichaltrigen spielt eine große Rolle. In Freundeskreisen oder Online-Communitys, in denen Verschwörungstheorien verbreitet sind, übernehmen Jugendliche diese oft, um dazuzugehören. Psychische Instabilität, Gewaltfantasien und ein verzerrtes Weltbild treiben sie zu Taten, die erschüttern – sei es mit Schusswaffen, Sprengsätzen oder Messern. Sie agieren allein, aber sind doch Teil einer unsichtbaren Gemeinschaft, in der Täter zu Helden stilisiert werden. Und ein radikalisierter Teenager ist nicht nur ein Täter – er kann auch ein Rekrutierer werden. Denn ein Gleichaltriger wirkt in einem Chat überzeugender als ein Erwachsener in einem Rekrutierungslager. Besonders gefährlich ist dabei der sogenannte Echokammer-Effekt: In extremistischen Gruppen werden bestimmte Weltanschauungen ständig wiederholt, während Gegenargumente ausgeblendet oder aktiv bekämpft werden. So entsteht eine verzerrte Realität, in der Gewalt nicht nur akzeptabel, sondern als notwendige Lösung dargestellt wird.[9]

Dieser schrittweise Prozess beginnt mit einer Phase der Entfremdung und Unzufriedenheit: Die Jugendlichen fühlen sich von der Gesellschaft und ihren traditionellen Strukturen entfremdet, erleben eine tiefe Unzufriedenheit mit sich selbst und der Welt um sie herum. Die Ursachen können vielfältig sein: familiäre Probleme, soziale Isolation, Mobbing, wirtschaftliche Ungleichheit oder der Druck, gesellschaftlichen Normen zu entsprechen. Die Jugendlichen beginnen, ihre Lebensrealität als ungerecht oder unverständlich zu empfinden. Ihre Suche nach Zugehörigkeit und Sinn ist von Zweifeln und einem Gefühl des »Nicht-Dazugehörens« geprägt.

Im zweiten Schritt suchen die Jugendlichen nach einer Lösung für ihre Unzufriedenheit. Sie versuchen, eine Identität zu finden, die ihnen das Gefühl von Bestätigung und Zugehörigkeit gibt. In dieser Phase sind sie besonders anfällig für extremistische Ideologien, die sich als »Erklärung« für ihre Unsicherheiten anbieten und suggerieren, dass es eine große, unfaire Welt gibt, gegen die man kämpfen muss, um zu gewinnen. Die Jugendlichen beginnen sich mit der Gruppe zu identifizieren und bauen ein starkes »Wir-Gefühl« auf.

In der dritten Phase beginnt die persönliche Kränkungsideologie, sich weiter zu verstärken, indem die Jugendlichen ein Feindbild erschaffen. Sie sehen sich selbst und ihre Ideologie als Opfer einer feindlichen Weltordnung. Die Gesellschaft, die sie zuvor als ungerecht empfanden, wird nun als der Feind dargestellt – oft in Form von bestimmten ethnischen Gruppen, politischen Systemen oder sozialen Normen. Diese Phase ist geprägt von einer zunehmenden Polarisierung, in der die Jugendlichen ihre Probleme nicht mehr als individuell oder gesellschaftlich bedingt ansehen, sondern als das Ergebnis einer Verschwörung oder ungerechter Kräfte. Hier beginnt der psychologische Prozess der Entmenschlichung des »Anderen«, der als Verantwortlicher für ihre Kränkungen und Missstände gesehen wird.

In der vierten Phase nehmen die Jugendlichen die radikalisierte Ideologie vollständig an. Ihre Kränkungswahrnehmung ist nun durchdrungen von einem klaren und festen Weltbild, in dem die Feinde der eigenen Ideologie als Bedrohung existenzieller Art dargestellt werden. Diese Wahrnehmung von Feindbildern verstärkt sich durch die Bestätigung in sozialen Gruppen und durch die ideologische Gemeinschaft, in der sie sich sicher fühlen. Sie akzeptieren die radikale Weltanschauung, die ihnen nicht nur eine Identität und einen Platz bietet, sondern auch eine Rechtfertigung für gewaltsames Handeln gegen die als »Feinde« wahrgenommenen Gruppen. In dieser Phase können Jugendliche beginnen, Gewalt als legitimes Mittel zu betrachten, um ihre »Ehre« und das »höhere Ziel« der Ideologie zu verteidigen.

In der letzten Phase hat sich die Kränkungsideologie so tief in das Selbstverständnis des Jugendlichen eingegraben, dass Gewalt oder andere extremistische Handlungen als notwendige Reaktion auf die als ungerecht empfundene Welt betrachtet werden. Die Jugendlichen, nun vollständig in ihrer radikalisierten Haltung verankert, sind bereit, ihre Ideologie in die Tat umzusetzen. Ihr Handeln wird als »heiliger Krieg« oder als »Revolution« gerechtfertigt – eine gewaltsame Auseinandersetzung mit der Gesellschaft und den Feinden, die sie verantwortlich machen. Die Kluft zwischen der persönlichen Kränkung und der politischen Radikalisierung wird nun so weit verstärkt, dass die Jugendlichen den moralischen und psychologischen Unterschied zwischen »richtig« und »falsch« zugunsten ihrer Ideologie umkehren.

Mobbing kann ein entscheidender Faktor in der Radikalisierung von Jugendlichen sein, die später zu extremistischen Tätern werden. Viele jugendliche Terroristen haben eine Vergangenheit als Mobbingopfer, in der sie soziale Isolation, Demütigung und tiefgehende Kränkungen erlebten. Diese Erfahrungen können zu einem Gefühl der Ohnmacht und des Hasses auf die Gesellschaft führen, was sie empfänglicher für extremistische Ideologien macht. Besonders gefährlich ist, dass Online-Radikalisierungsnetzwerke oft gezielt nach Jugendlichen suchen, die sich ausgegrenzt oder unterdrückt fühlen – sie bieten ihnen ein neues Zugehörigkeitsgefühl, ein Feindbild und scheinbare Kontrolle über ihr Leben. Wer jahrelang Mobbing erlebt hat und nie eine Form der Gerechtigkeit oder Unterstützung erhielt, könnte schließlich Gewalt als legitimen Ausweg oder als Rache betrachten.

Darüber hinaus verändert Mobbing nicht nur das Selbstwertgefühl von Jugendlichen, sondern auch ihre Wahrnehmung der Welt. Opfer entwickeln oft eine »Wir gegen sie«-Mentalität, in der sie sich als Außenseiter sehen und andere als Feinde betrachten. Rechtsextreme oder islamistische Gruppen nutzen diese psychische Verwundbarkeit aus, indem sie den Jugendlichen »Erklärungen« für ihr Leiden bieten – sie erzählen ihnen, dass die Gesellschaft gegen sie ist, dass sie sich wehren müssen und dass Gewalt eine gerechte Antwort ist. In vielen Fällen haben auch Schulmassaker oder frühere Terroranschläge eine Vorbildfunktion, da Täter wie der norwegische rechtsterroristische Massenmörder Anders Behring Breivik oder der amerikanische Columbine-Amokschütze Eric Harris von radikalisierten Jugendlichen als »Krieger« glorifiziert werden. Mobbing kann also als eine psychologische Initialzündung für Radikalisierung wirken, weil es Jugendliche in eine Spirale aus Wut, Isolation und Hass treibt, aus der Extremisten sie nur zu gerne »retten«.

Der Wunsch nach Zugehörigkeit, Anerkennung und dem Gefühl, Teil eines bedeutenden Kampfes zu sein, kann in einer Zeit von globalen Konflikten besonders stark werden. Für viele radikalisierte Jugendliche ist der Eintritt in extremistische Bewegungen eine Möglichkeit, ihre Frustration und ihre Entfremdung in eine vermeintlich sinnvolle Handlung umzuwandeln, die ihnen sowohl Macht als auch ein Gefühl der Moralität gibt.

Weltkonflikte führen außerdem oft zu einer Polarisierung und der Schaffung von klaren Feindbildern – sei es durch religiöse, ethnische oder politische Spannungen. Extremistische Gruppen nutzen diese weltweiten Konflikte gezielt, um Feindbilder zu verstärken und Jugendliche in ihrem Hass auf bestimmte Nationen, Kulturen oder Ideologien zu bestärken. Die politische Rhetorik und die Berichterstattung über Kriege oder terroristische Anschläge tragen dazu bei, dass Jugendliche eine verzerrte Weltanschauung entwickeln, in der der »Feind« nicht nur weit entfernt ist, sondern auch als eine existenzielle

Bedrohung wahrgenommen wird. Die Radikalisierung vieler Teenager, die sich mit solchen Feindbildern identifizieren, ist oft das Ergebnis dieser ideologischen Indoktrination, die sie in die Arme terroristischer Gruppen treibt, die sich als Kämpfer gegen diese Feinde präsentieren.

Traumata und Kriegserfahrungen

Kindheitstraumata spielen eine entscheidende Rolle in der Entstehung von Teenager-Terrorismus, da sie tiefgreifende Auswirkungen auf die psychische Entwicklung eines Jugendlichen haben können. Traumatische Erfahrungen in der Kindheit – wie Krieg, Missbrauch, Vernachlässigung, familiäre Konflikte, der Verlust von geliebten Menschen oder das Aufwachsen in einem gewalttätigen Umfeld – hinterlassen oft Narben, die das Selbstwertgefühl und die Fähigkeit zur sozialen Integration beeinträchtigen. Diese frühen Erfahrungen prägen das Weltbild und machen Jugendliche anfällig für radikale Ideologien – seien es religiöser Fanatismus, rechtsextreme Hetze oder politische Gewalt-Ideologien.[10] Ideologien des Hasses wirken auf traumatisierte Kinder und junge Menschen, die mit Identitätskrisen, Ausgrenzung oder Perspektivlosigkeit kämpfen, wie ein perfekter Köder in einer unsicheren Welt: Sie bieten einfache Antworten auf ihre innere Leere, klare Feindbilder und das trügerische Gefühl von Stärke, Zugehörigkeit, Anerkennung und Bedeutung oder Rache für erlittenes Unrecht.

Jugendliche, die solche Erfahrungen gemacht haben, fühlen sich häufig entfremdet, verletzt und auf sich allein gestellt. In ihrem gestörten Weltbild und ihrer verzerrten Wahrnehmung von Macht und Gerechtigkeit sind sie möglicherweise auf der Suche nach einer Quelle der eigenen Macht, um sich gegen die erlebten Ungerechtigkeiten zu wehren. In diesem Kontext wird der Teenager, der Gewalt und Misshandlung in seiner Kindheit erfährt, oftmals als ein »verlustgeprägtes« Subjekt gesehen, das nach einer Möglichkeit sucht, die eigene Existenz zu legitimieren und zu verteidigen.

Terroristische Gruppen erkennen diese Verwundbarkeit und bieten den Jugendlichen eine Gemeinschaft, die ihre tiefsten Ängste und Unsicherheiten anspricht, und eine klare Weltanschauung, die ihnen als Lösung für ihre persönlichen Traumata erscheinen kann. Sie vermitteln den Eindruck, dass die Jugendlichen in einer überlegenen, »besseren« Welt leben könnten, in der sie endlich Stärke und Kontrolle über ihr Leben erlangen können, und dass die innere Leere durch eine »göttliche« oder »heroische« Mission gefüllt werden kann. Extremistische Ideologien, die Gewalt als Mittel der Veränderung propagieren, bieten den Jugendlichen eine Plattform, um diese Macht zu erleben und ein Gefühl der »Rache« zu verspüren – gegen die Welt, die sie in ihrer Kindheit verletzt hat. In diesem Kontext fungiert der Terrorismus als ein Mechanismus der Selbstbehauptung – eine Möglichkeit, sich von den erlebten Traumata zu befreien und eine neue, »stärkere« Identität zu erschaffen.

Doch hinter dieser Fassade der Macht steckt eine tiefere Tragödie. Die Radikalisierung wird zu einem toxischen Prozess, der sie von einer gesunden Selbstverwirklichung entfernt und in die Arme destruktiver Ideologien führt. Hass-Ideologien verstärken nicht nur den Schmerz des Individuums, sondern transformieren ihn in eine Art von »gemeinschaftlicher« Rechtfertigung, die Gewalt als notwendig und gerechtfertigt darstellt. Die kollektiv geteilte Feindbilder-Welt wird zum äußeren Spiegel des inneren Kampfes, den der Jugendliche gegen seine eigenen traumatischen Erfahrungen führt. Diese Transformation ist nicht zufällig, sondern vielmehr eine raffinierte psychologische

Konstruktion, die es dem Individuum ermöglicht, sich mit einer »größeren Sache« zu identifizieren und so eine Bedeutung und Kontrolle über das eigene Leben zu gewinnen, die in der Vergangenheit gefehlt hat. Der Terrorismus, als eine Form der radikalisierten Selbstverwirklichung, wird dann nicht als eine rein individuelle Entscheidung wahrgenommen, sondern als eine Reaktion auf tief verwurzelte gesellschaftliche und psychische Krisen, die durch frühkindliche Traumata geschürt wurden. Es ist diese Verschmelzung von individuellen Traumata und kollektiver Gewalt-Ideologie, die den Teenager-Terrorismus zu einem so komplexen und gefährlichen Phänomen macht.

Das gilt umso mehr in einer Zeit der Weltkonflikte. Insbesondere Kriege oder Konflikte, die unmittelbare Auswirkungen auf Familien oder Gemeinden haben – wie etwa die Flucht vor Krieg, die Zerstörung von Heimatorten oder das Erleben von Gewalt –, können das Trauma von Jugendlichen verstärken. Solche politisierten Traumata, verstärkt durch die Gewalt und den Verlust, den Jugendliche erlebt haben, können sie für extremistisches Gedankengut empfänglich machen, das das Bild eines simplen »Gut« gegen »Böse« propagiert.

Sinnsuche in der fragmentierten westlichen Welt

Während terroristische Bewegungen weltweit existieren,[11] sind westliche Gesellschaften besonders anfällig für Einzeltäter-Radikalisierung, digitale Ideologieverbreitung und gesellschaftliche Polarisierung. In einer offenen Gesellschaft genießen Menschen Meinungsfreiheit, Rechtsstaatlichkeit und individuelle Entfaltungsmöglichkeiten.[12] Gerade diese Freiheiten, die eigentlich zur Integration und Selbstbestimmung beitragen sollen, können umgekehrt jedoch von manchen Jugendlichen auch als Überforderung oder Entfremdung erlebt werden. In

Phasen der Identitätssuche – etwa in der Pubertät – bieten extremistische Gruppen hingegen vermeintlich klare Antworten, starke Zugehörigkeit und einfache Feindbilder. Die Offenheit und Toleranz der Gesellschaft wird dabei von radikalen Akteuren nicht nur abgelehnt, sondern gezielt als Schwäche ausgelegt und angegriffen.

Teenager-Terrorismus ist oft Ausdruck eines tiefen Konflikts zwischen der offenen Gesellschaft und der Sehnsucht nach Orientierung, Ordnung oder Bedeutung. Gerade in digitalen Räumen, in denen junge Menschen täglich unterwegs sind, treffen sie auf ideologische Narrative, die ihnen das Gefühl geben, Teil von etwas »Größerem« zu sein – oft mit gewaltvoller Stoßrichtung gegen die freiheitliche Ordnung. Der politische Extremismus bietet den Jugendlichen nicht nur eine vermeintliche Lösung für ihre Frustrationen, sondern auch das versprochene Gefühl von Macht und Bedeutung. In einer Welt, die von politischen Unruhen, wachsender Ungleichheit und einer weitverbreiteten Entfremdung geprägt ist, scheint es fast wie ein Ruf der Erlösung – die Revolution, der Aufstand, die Zerstörung des Systems, das sie als fehlerhaft und unterdrückend empfinden. Sie sehen sich als Teil einer Bewegung, die größer ist als sie selbst, einer Bewegung, die die Welt verändern wird.

Doch die Jugendlichen, die sich von dieser einfachen Erzählung von »Wir gegen sie« verführen lassen, erkennen oft nicht, dass sie in eine radikale Ideologie hineingezogen werden, die sie zu Werkzeugen des Hasses und der Gewalt macht statt zu den Veränderern, als die sie sich sehen möchten. Der politische Extremismus lässt sie glauben, dass ihre Wut gerechtfertigt ist, dass ihr Wunsch nach Zerstörung eine höhere Bedeutung hat – und so verlieren sie sich in der Illusion, die Welt zu retten, während sie sie gleichzeitig auf dem Altar der Intoleranz und des Hasses opfern. Der radikalisierte Teenager wird zu einer gefährlichen Waffe, nicht nur durch seine physische Gewalt, sondern auch durch seine ideologische Überzeugung. Er wird Teil einer Gruppe, die nicht nur gegen bestimmte Institutionen kämpft, sondern gegen die gesamte Gesellschaft. Der Teenager-Terrorismus bedroht so nicht nur die Jugend selbst, sondern destabilisiert auch die sozialen und politischen Strukturen einer ganzen Nation.

Darüber hinaus spiegelt der Teenager-Terrorismus die gesellschaftliche Fragmentierung und das Versagen traditioneller Institutionen wider. Jugendliche fühlen sich zunehmend verloren in einer Welt, in der es keine klaren Werte und Autoritäten mehr gibt, und von Politik, Schule und Familie unverstanden oder abgehängt. Während frühere Generationen sich in physischen Gemeinschaften sozialisierten, bewegen sich junge Menschen heute oft in digitalen Echokammern, in denen extreme Ideologien zur Normalität werden. Die Zunahme jugendlicher Terroristen ist daher ein Zeichen unserer Zeit, weil sie zeigt, wie Radikalisierung, digitale Manipulation und gesellschaftliche Entfremdung zu einer neuen Form der Gewalt führen, die nicht mehr durch klassische Sicherheitsstrategien allein bekämpft werden kann. Gewalt fungiert dabei als Ventil für Frustration, Wut und Hilflosigkeit, hervorgerufen durch persönliche Krisen, soziale Isolation oder gezielte Manipulation. Digitale Netzwerke, toxische Gruppendynamiken und radikale Ideologien verstärken diese Anfälligkeit. Denn in einer Welt, in der politische Systeme sich zunehmend fragmentieren und die Stimmen der Marginalisierten oft überhört werden, scheint der Extremismus eine verführerische Antwort auf das Gefühl der Ohnmacht zu bieten.[13] Junge Menschen, die von der Politik enttäuscht sind – sei es von dem Versprechen einer besseren Zukunft, das nie erfüllt wurde, oder von der ständigen Ignoranz ihrer Ängste und Bedürfnisse –, hören auf die lautesten, radikalsten Stimmen, weil sie einfache Lösungen für die chaotischen Fragen bieten, die in ihren Köpfen toben und eine gefährliche Entfremdung von allem schaffen, was nicht ihrem eingeschränkten Weltbild entspricht.

Die Welt schaut gerade jetzt auf internationale Konflikte, während sich parallel dazu die gefährlichste Form des Terrorismus längst in der digitalen Dunkelkammer unserer Jugend formt. Teenager, die Bomben tragen. Kinder, die zu Killern werden. Jugendliche, die mit einem einzigen Knopfdruck ganze Leben auslöschen.[14] In Zeiten einer Weltunordnung erlebt die Menschheit stets eine neue Welle des Terrors,[15] und diesmal sind es immer häufiger Jugendliche, die im Zentrum der Bedrohung stehen. Während viele glaubten, dass Terrorismus nach dem Rückgang großer internationaler Terrornetzwerke an Einfluss verloren hätte, zeigt sich heute ein anderes Bild: Radikalisierung hat sich ins Digitale verlagert und mit ihr eine neue Generation von Tätern. Terrorismus ist nicht verschwunden, er hat sich nur gewandelt – und er ist näher, persönlicher und schwerer zu fassen als je zuvor.

Gerade in Zeiten globaler Unsicherheit fühlen sich viele Jugendliche von der Weltpolitik und den Entscheidungen der Erwachsenen entfremdet. Weltkonflikte haben deshalb stets einen tiefgreifenden Einfluss auf Teenager-Terrorismus, da sie eine komplexe Wechselwirkung zwischen den globalen politischen Spannungen und den individuellen, oft verletzenden Erfahrungen von Jugendlichen schaffen. Diese Konflikte, die in den Medien ständig präsent sind, seien sie politischer, religiöser oder ideologischer Natur, können eine tiefe Verunsicherung und ein Gefühl der Ohnmacht erzeugen, besonders wenn sie die eigenen Werte oder die Identität bedrohen. Sie bieten ein soziales und psychologisches Umfeld, in dem sich junge Menschen oft fehlgeleitet fühlen und in extremistische Bewegungen abdriften können.

Die wachsende Endzeitstimmung unter Jugendlichen – genährt durch Kriege, Klimakrise, soziale Unsicherheit und digitale Reizüberflutung – schafft einen emotionalen Nährboden für Teenager-Terrorismus. Wenn junge Menschen das Gefühl haben, dass die Welt ohnehin dem Untergang geweiht ist, verliert das Leben an Bedeutung, und Gewalt wird zur vermeintlich letzten Möglichkeit, Spuren zu hinterlassen oder »etwas zu verändern«. Extremistische Gruppen nutzen gezielt diese apokalyptische Weltsicht, um Jugendlichen eine radikale »Mission« anzubieten: den Untergang zu beschleunigen oder »gereinigt« neu zu starten. Zwischen digitaler Reizüberflutung, gesellschaftlicher Orientierungslosigkeit und dem Verlust von Zukunftsvertrauen wird der Teenager zum empfänglichen Träger nihilistischer Ideologien, die im schlimmsten Fall tödlich enden.

All diese Faktoren erklären, warum manche Jungen in extreme Gewalt abrutschen. Aber es gibt keine »perfekte Formel« – jeder Fall ist individuell.

Parallelen zur Drogensucht

In Christiane F.s autobiografischem Bericht *Wir Kinder vom Bahnhof Zoo* wird die Geschichte einer Jugendlichen erzählt, die in den 1970er-Jahren in Berlin in die Drogenszene abrutscht.[16] Dabei gibt es auffällige Gemeinsamkeiten mit den Radikalisierungsprozessen von Jugendlichen, die in extremistische Netzwerke und ähnliche soziale und psychische Mechanismen geraten.

Soziale Desintegration
Christiane wächst in einem Umfeld auf, das von familiären Problemen, Vernachlässigung und gesellschaftlicher Perspektivlosigkeit geprägt ist. Ähnlich geraten viele Jugendliche in extremistische Szenen, wenn sie sich ausgegrenzt oder chancenlos fühlen.

Suche nach Gemeinschaft und Anerkennung
In der Drogenszene findet Christiane eine Ersatzfamilie, die ihr Geborgenheit und Zusammenhalt gibt. Extremistische Gruppen nutzen genau dieses Prinzip, um Jugendliche anzulocken und ihnen eine Identität und »höhere Mission« zu vermitteln.

Suchtmechanismus und Radikalisierung
Die Drogensucht führt Christiane dazu, immer weiter in die Abhängigkeit zu geraten, obwohl sie die negativen Folgen erkennt. Radikalisierte Jugendliche durchlaufen einen ähnlichen Prozess, bei dem sie sich stufenweise in extremistische Ideologien vertiefen und sich letztlich von der Realität abkoppeln.

Gefahr der Ausnutzung durch Ältere
In *Wir Kinder vom Bahnhof Zoo* werden die Jugendlichen oft von älteren Personen ausgenutzt, seien es Drogenhändler oder Freier. Auch in extremistischen Szenen nutzen ältere oder erfahrene Ideologen Jugendliche in ihrer Naivität und mit ihrem Idealismus, um sie für ihre Zwecke zu instrumentalisieren.

Drogenabhängigkeit und Extremismus entstehen oft unter ähnlichen sozialen und psychischen Rahmenbedingungen. Sowohl die Drogenszene als auch extremistische Gruppen sprechen vor allem Jugendliche an, die mit ihrem Leben unzufrieden sind, sich entwurzelt fühlen oder keine Perspektiven haben. Jugendliche suchen Sinn, Zugehörigkeit und Anerkennung und geraten dabei in gefährliche Abhängigkeiten – sei es von Heroin oder einer radikalen Ideologie. Der autobiografische Bericht von Christiane F. zeigt die Mechanismen der Verführung, Abhängigkeit und sozialen Isolation, die ebenso für die Radikalisierung junger Menschen gelten.

Parallelen zu Sekten

Radikale Ideologien arbeiten mit emotionalen Triggern: Verschwörungstheorien, Opfer-Narrativen, Helden-Mythen. Sekten und terroristische Gruppen nutzen dabei ähnliche Manipulationstechniken, um Jugendliche zu binden und zu radikalisieren.[17] Beide bieten eine geschlossene Weltanschauung, in der klare Feindbilder, strenge Hierarchien und eine scheinbare höhere Mission vorgegeben werden. Durch psychologische Kontrolle, Indoktrination und soziale Isolation werden Zweifel unterdrückt und Gehorsam gefördert, während die Außenwelt als feindlich dargestellt wird. Jugendliche, die sich orientierungslos oder ausgeschlossen fühlen, finden in diesen Strukturen Zugehörigkeit und Identität, oft mit der Überzeugung, eine »besondere« oder »auserwählte« Rolle innezuhaben. Während Sekten ihre Anhänger meist psychisch und finanziell ausnutzen, gehen extremistische Gruppen einen Schritt weiter und fordern aktive Gewalt als ultimativen Beweis der Loyalität.

Ein weiteres gemeinsames Merkmal von Sekten und terroristischen Gruppen ist die systematische Entfremdung von

Familie, Freunden und der bisherigen Lebenswelt. Jugendliche werden gezielt in eine neue Realität geführt, in der sie sich als Teil einer höheren Mission oder eines exklusiven Kreises fühlen. Beide Systeme arbeiten mit Ritualen, Wiederholungen extremistischer Narrative und dem Ausschalten kritischen Denkens. Zudem wird oft eine Angststrategie verwendet: Wer sich abwendet oder zweifelt, riskiert Strafe, Ausschluss oder sogar Gewalt. In beiden Fällen wird der Jugendliche zum Werkzeug einer radikalen Ideologie – ob durch finanzielle Ausbeutung, blinden Gehorsam oder den Einsatz für einen gewaltsamen Kampf.

Ideologisierung und Radikalisierung im Internet

Die Generation Z, also Menschen, die zwischen 1997 und 2012 geboren wurden, ist die erste Generation, die vollständig in der digitalen Welt aufgewachsen ist. Sie lebt in sozialen Netzwerken, informiert sich online und kommuniziert überwiegend über digitale Plattformen, was ihre Werte, ihr Konsumverhalten und ihre politische Haltung beeinflusst. Diese enge Verbindung zur digitalen Welt macht Cyberterrorismus zu einer natürlichen Erweiterung des Phänomens Teenager-Terrorismus.

Soziale Medien sind omnipräsent.[18] Sie haben unsere Selbstwahrnehmung radikal verändert und verstärken das Gefühl, dass wir uns ständig vergleichen müssen. Während frühere Generationen sich durch langfristige Karrieren oder stabile Beziehungen definierten, kämpfen viele Jugendliche heute mit Selbstzweifeln, Angststörungen und einer digital getriebenen Identitätskrise. Wer bin ich wirklich? Und wer muss ich online sein, um relevant zu bleiben? Dies führt zu Frustration, Resignation – und in manchen Fällen sogar zu Radikalisierung oder

Gewalt. Plattformen wie Instagram und TikTok verstärken das Gefühl, nicht gut genug zu sein, weil man sich ständig mit perfekten Influencern oder erfolgreichen Altersgenossen vergleicht.

Dazu kommt, dass das Internet eine neue Art der Entfremdung schafft: Obwohl Teenager digital ständig miteinander verbunden sind, leiden viele unter realer sozialer Isolation, weil Beziehungen oft oberflächlich bleiben. Wer sich stundenlang in Online-Foren aufhält, verliert leicht den Bezug zur realen Welt. Jugendliche sind außerdem rund um die Uhr mit Nachrichten und Meinungen konfrontiert, was oft zu einem Gefühl der Überforderung und Hoffnungslosigkeit führt.

Extremistische Gruppen haben erkannt, dass sie durch kontinuierliche Präsenz in den Feeds von Jugendlichen dauerhafte Aufmerksamkeit erzielen, und nutzen gezielt digitale Plattformen, um Jugendliche mit manipulativer Propaganda zu beeinflussen. Über soziale Medien, Online-Foren und Messenger-Dienste wird Gewalt verherrlicht und werden Feindbilder geschaffen, die zur Radikalisierung beitragen. Ein besonders gefährlicher Mechanismus ist die emotionalisierte und personalisierte Ansprache, die soziale Isolation, persönliche Krisen oder gesellschaftliche Unsicherheiten ausnutzt. Jugendliche werden gezielt mit Narrativen konfrontiert, die Angst, Wut oder Frustration auslösen – sei es durch die Vorstellung einer »Verschwörung gegen ihre Kultur«, einer »notwendigen Rache«, eines »großen Austauschs der Bevölkerung« oder eines »heiligen Kriegs«. Schritt für Schritt geraten Kinder in digitale Echokammern, in denen Hass zur Wahrheit und Gewalt zur »Pflicht« wird. Sie werden nicht nur radikalisiert – sie werden umprogrammiert. Gefühle wie Wut, Trauer oder Frustration werden umgelenkt und politisiert. Am Ende stehen Kinder mit Bomben, Messern oder Hass im Herzen – überzeugt, dass sie für eine gerechte Sache kämpfen. Doch in Wahrheit sind sie Werkzeuge, missbraucht von Ideologen, die längst wissen: Der gefährlichste Kämpfer ist ein Junge oder ein Mädchen, die glauben, nichts mehr zu verlieren zu haben.

Was diese psychologische Dynamik noch verstärkt, ist die Tatsache, dass Jugendliche in einer Zeit der digitalen Vernetzung aufwachsen, in der extremistische Inhalte jederzeit zugänglich sind. Online-Foren und soziale Netzwerke bieten eine Plattform für die schnelle Verbreitung radikaler Ideen, und die Anonymität des Internets schützt den Jugendlichen vor direkter gesellschaftlicher Ablehnung. Dieser digitale Raum schafft den idealen Nährboden für psychologische Manipulation. In dieser Umgebung wird die Suche nach einer stabilen Identität nicht nur durch das Internet, sondern auch durch den Druck, sich mit radikalen Ideen zu solidarisieren, vervielfacht. Die Suche nach Zugehörigkeit und das Bedürfnis, »etwas zu bewirken«, können Jugendliche so auf den gefährlichen Weg der Radikalisierung führen.

Weltkonflikte, die in den Nachrichten und auf sozialen Plattformen stark präsent sind, können als zusätzlicher Ausgangspunkt für Online-Radikalisierung dienen. Extremistische Gruppen nutzen diese Plattformen, um Jugendliche mit Nachrichten, Propaganda und einer verzerrten Darstellung von weltpolitischen Konflikten zu beeinflussen. Sie bieten Jugendlichen einfache Antworten auf komplexe geopolitische Probleme und zielen darauf ab, ihre Frustrationen und Ängste zu kanalisieren. In Zeiten von Weltkonflikten verbreiten sich ideologisch motivierte Inhalte in sozialen Netzwerken wie nie zuvor, und Jugendliche, die sich nach einem klaren Feindbild oder einer starken Mission sehnen, sind besonders anfällig für diese Art der Manipulation.

Ein Jugendlicher, der sich einmal ein Video mit Verschwörungstheorien oder extremistischer Rhetorik ansieht, bekommt automatisch weiteres Material in diese Richtung vorgeschlagen. So entsteht eine Abwärtsspirale, in der sich Jugendliche innerhalb weniger Wochen oder Monate von bloßem Interesse an politischen oder gesellschaftlichen Themen hin zu extremistischen Überzeugungen entwickeln können. Besonders perfide: Die Sprache und die Mechanismen geschlossener Plattformen wie Discord, Telegram oder Steam sind perfekt auf Teenager zugeschnitten – mit Memes, Musikvideos und subtiler Ironie.

Radikalisierungsmaschinen sind digitale, soziale und ideologische Systeme, die gezielt darauf ausgerichtet sind, Jugendliche in extremistische Denkweisen und Gewaltbereitschaft zu treiben.[19] Diese Maschinen sind keine physischen Apparate, sondern Netzwerke aus sozialen Medien, Gaming-Foren, Chatgruppen und algorithmengesteuerten Plattformen, die extremistische Inhalte verbreiten und Jugendliche in eine ideologische Falle locken. Durch psychologische Manipulation, soziale Bestätigung und die gezielte Verstärkung extremistischer Narrative werden sie immer tiefer in eine Radikalisierungsblase gezogen, bis sie Gewalt als legitimes Mittel sehen.

Die Struktur dieser Radikalisierungsmaschinen basiert auf drei zentralen Mechanismen: Zunächst stoßen Jugendliche auf radikale Inhalte – oft nicht bewusst, sondern durch Algorithmen, die polarisierende Themen bevorzugen. Dann beginnt die ideologische Vertiefung: Durch gezielte Feindbildkonstruktionen, Verschwörungstheorien und angebliches »Geheimwissen« werden junge Menschen dazu gebracht, die Welt in Gut und Böse einzuteilen. Schließlich folgt die soziale Bindung: Extremistische Gruppen und Online-Communitys geben Jugendlichen das Gefühl von Zugehörigkeit, Macht und einer höheren Mission.

Teenager werden nicht nur Opfer dieser digitalen Radikalisierungsmaschinen – sie können durch sie selbst zu Tätern werden. Wer einmal hineingerät, verlässt sie nur schwer wieder – es sei denn, es gibt effektive Deradikalisierungsstrategien, Aufklärung und Alternativen, die Jugendlichen eine bessere Perspektive als Extremismus bieten.[20] Denn es geht nicht nur um Einzelfälle, sondern um eine tiefgreifende gesellschaftliche Veränderung, die durch die Digitalisierung, soziale Spaltung und den Zerfall traditioneller Werte begünstigt wird. Die Auswirkungen dieser Entwicklung auf die Welt von morgen sind gravierend.

Ideologien sind dabei essenziell. Sie bieten einfache Erklärungen für eine komplexe Welt – ein klares Feindbild, eine scheinbare Lösung für Frustration und Ohnmachtsgefühle.[21] Egal ob religiöser Fanatismus, rechtsextreme Hetze oder anarchistische Gewaltfantasien – für Teenager, die sich unverstanden oder ausgegrenzt fühlen, kann eine radikale Weltanschauung zur Antwort auf all ihre inneren Konflikte werden. Hass wird zur Sprache, Gewalt zum Weg, um endlich gehört zu werden.

Was auf den ersten Blick nach unschuldiger Unterhaltung aussieht, kann sich als Brutstätte extremistischer Ideen entpuppen; was mit Memes beginnt, kann sich rasend schnell in eine Überzeugung verwandeln, die den eigenen Tod oder den anderer als gerechtfertigt erscheinen lässt. Auf TikTok werden innerhalb weniger Sekunden Hassbotschaften in trendige, scheinbar unschuldige Clips verpackt. In Steam-Community-Gruppen oder Discord-Servern tarnen sich radikale Netzwerke hinter Gamer-Slang und Ironie. Der Übergang von einem beiläufigen Witz zu einer ernsthaften Ideologie vollzieht sich oft schleichend – bis ein Jugendlicher sich nicht mehr fragt, ob Gewalt eine Lösung ist, sondern nur noch, wann und wo er sie anwenden soll.

Dank sozialer Medien, Online-Foren und Gaming-Plattformen sind Jugendliche rund um die Uhr erreichbar – und genau das nutzen extremistische Netzwerke gezielt aus. Ein Algorithmus schlägt Videos vor, ein »Freund« in einem Online-Forum gibt extremistische Kommentare ab, ein Discord-Server lockt mit exklusivem Insiderwissen – und plötzlich fühlt sich ein Teenager angesprochen, verstanden, vielleicht sogar auserwählt. Besonders gefährlich: Eltern und Lehrer bekommen davon oft nichts mit. Was wie harmlose Bildschirmzeit aussieht, kann in Wahrheit der Einstieg in eine Welt sein, die Jugendlichen schrittweise Feindbilder einpflanzt, sie von ihrem Umfeld entfremdet und sie schließlich überzeugt, dass Gewalt eine Lösung ist.

Online-Communitys schaffen ein Gefühl von Zugehörigkeit und Exklusivität. Radikalisierungsdruck durch Gleichaltrige ist dabei in digitalen Räumen häufig höher als im analogen Umfeld. Jugendliche sehen nur noch Inhalte, die ihre extremistische Weltsicht bestätigen. So entsteht ein Schwarz-Weiß-Denken (Ingroup vs. Outgroup). Wissenschaftler identifizieren verschiedene Phasen im Radikalisierungsprozess: Neugierde, ideologische Identifikation, Gruppenbindung, Handlungsbereitschaft und Gewalttat.

Die Gefahr des Teenager-Terrorismus beginnt daher nicht in abgelegenen Trainingslagern oder dunklen Hinterhöfen, sondern direkt im Kinderzimmer, vor Bildschirmen und Touchscreens. Früher brauchte Terrorismus Netzwerke und Anführer[22] – heute reichen ein Smartphone und ein Algorithmus, der den Weg in den Extremismus ebnet. Ob radikale Einzeltäter, die sich online in extremistischen Ideologien verlieren, oder junge Menschen, die gezielt von Terrorgruppen rekrutiert werden – der moderne Terrorismus hat sich verändert, und mit ihm die Täterprofile. Während früher organisierte Netzwerke und streng hierarchische Strukturen dominierten, erleben wir heute eine dezentralisierte, digital gesteuerte Radikalisierung, die vor allem Jugendliche trifft. Social-Media-Plattformen, Gaming-Communitys und verschlüsselte Chat-Foren haben sich zu Rekrutierungsfeldern für Extremisten entwickelt: Die digitale Revolution hat die Grenze zwischen Realität und Fantasie verwischt und eröffnet ein endloses Angebot an Welten, in denen alles möglich scheint – bis zu dem Punkt, an dem selbst der Terror als ein Akt des Widerstands und der Erlösung erscheinen kann.[23]

Das erschwert auch die Kontrolle und die Intervention. Plattformen wie Discord, Telegram oder TikTok sind oft nicht ausreichend moderiert, sodass extremistische Inhalte lange ungestört kursieren können. Algorithmen verstärken zudem häufig polarisierende oder radikale Inhalte, indem sie Nutzer immer weiter in bestimmte Themenbereiche führen.[24] Während früher physische Rekrutierungsorte beobachtet oder geschlossen werden konnten, während physische Netzwerke überwacht oder eingeschränkt werden können, sind digitale Extremismus-Netzwerke ständig im Wandel, wechseln Plattformen oder nutzen Verschlüsselungstechnologien und bieten Anonymität.

Hier, im digitalen Raum, wachsen radikale Ideen, die die Jugend in ihren Bann ziehen. Extremisten nutzen Techniken der Einflussnahme gezielt, um Emotionen zu manipulieren, kritisches Denken auszuschalten und eine neue, fanatische Identität zu erschaffen[25] – Teenager-Terrorismus ist die neue Waffe des digitalen Zeitalters.

Vom schüchternen Schüler zum Terroristen: Wie passiert das? Oder, um es mit einem amerikanischen Buchtitel zu sagen: »Who Becomes a Terrorist and Why?«[26] Ein Fallbeispiel: Er war fünfzehn Jahre alt. Seine Lehrer beschrieben ihn als still, aber höflich. Seine Eltern glaubten, er würde die Nachmittage mit Videospielen verbringen. Seine Freunde bemerkten, dass er sich immer weiter zurückzog. Niemand ahnte, dass er nachts in dunklen Ecken des Internets chattete – mit Menschen, die ihm versprachen, dass er endlich einen Platz in der Welt finden würde. Als er schließlich festgenommen wurde, fand man eine selbst gebaute Bombe in seinem Rucksack.

Lukas war noch ein Jahr zuvor ein durchschnittlicher Teenager gewesen – Skateboardfahren, Zocken, ein paar schlechte Noten. Doch in letzter Zeit fühlte er sich unsichtbar, missverstanden, wütend. Dann stieß er auf ein Video in einem verschlüsselten Chat. Ein charismatischer Mann sprach von Ungerechtigkeit, von einer korrumpierten Welt, die zerstört werden müsse. »Bruder, die Wahrheit wurde dir verheimlicht«, hieß es in der Kommentarspalte. Lukas klickte weiter, schaute sich ein zweites, ein drittes Video an. Die Worte waren einfach, die Botschaften klar. Zum ersten Mal fühlte er sich, als würde jemand seine Wut verstehen. In den nächsten Wochen veränderte sich sein Blick auf die Welt – und niemand in seinem Umfeld merkte es. Noch nicht.

Seine Eltern dachten, er verbringe einfach zu viel Zeit am Handy, doch sie ahnten nicht, dass seine Nächte längst einem anderen Rhythmus folgten. Er chattete mit neuen »Brüdern«, die ihn ermutigten, Fragen zu stellen – aber nur die richtigen. Sie lobten ihn, gaben ihm das Gefühl, etwas Besonderes zu sein, ein Auserwählter, der sah, was andere nicht sehen wollten. Lukas begann sich von seinen alten Freunden zu distanzieren. In der Schule wirkte er abwesend, aggressiver, aber wenn ihn jemand darauf ansprach, winkte er ab. »Alles okay.« Doch in Wahrheit veränderte sich etwas in ihm. Der Junge, der einst harmlose Memes geteilt hatte, klickte nun auf Links, die ihn in dunklere Ecken des Internets führten. Hier war er kein unscheinbarer Teenager mehr – hier wurde er gebraucht. Und bald sollte er beweisen müssen, wie weit er wirklich bereit war zu gehen.

Es stellt sich die schockierende Frage: Wie konnte es so weit kommen? Wie wird Extremismus zur jugendkulturellen Mode? Was macht extremistische Narrative für Jugendliche attraktiv?

Diese Entwicklung ist kein Zufall, sondern das Ergebnis gezielter Manipulation – durch emotionale Ansprache, Gruppenloyalität, Identitätsangebote und die Konstruktion eines Feindbildes.[27] Extremistische Netzwerke agieren wie perfide Puppenspieler, die in sozialen Medien, Chatgruppen und vermeintlichen »Gemeinschaften« gezielt junge Menschen ansprechen. Sie nutzen deren Unsicherheiten, deren Suche nach Bedeutung, Zugehörigkeit und Rebellion – und verwandeln sie in gnadenlose Überzeugungstäter.

Der Prozess der Radikalisierung gleicht oft einem verschlüsselten Code. Dieses Muster besteht aus bestimmten Begriffen, Symbolen, Kommunikationsstrategien und Verhaltensweisen, die für Extremisten klar erkennbar, für Eltern, Lehrer und Behörden aber oft unsichtbar sind. Viele Menschen glauben, dass Radikalisierung ein Randphänomen ist, das nur sozial schwache oder psychisch instabile Jugendliche betrifft – doch das ist ein Irrtum. Radikalisierung kann jeden treffen, unabhängig von Herkunft, Bildung oder sozialem Umfeld. Auch Jugendliche aus wohlhabenden Familien, die in stabilen Verhältnissen aufgewachsen sind, sind betroffen.

Gamifizierung des Terrors

Die Gamifizierung des Terrors beschreibt den Prozess, bei dem terroristische Ideologien, Handlungen oder Propaganda in eine Form gebracht werden, die an Videospiele erinnert oder deren Mechanismen nutzt, um Jugendliche gezielt zu radikalisieren. Dabei werden die digitale Ästhetik, Belohnungssysteme, Narrative und Gruppendynamiken, die aus der Welt der Videospiele bekannt sind, verwendet, um extreme Inhalte greifbarer und attraktiver zu machen, die Opfer zu entmenschlichen und Hemmschwellen zur Nachahmung zu senken. Besonders in rechtsextremen oder dschihadistischen Kreisen werden Attentäter glorifiziert, »Highscores« für Opferzahlen vergeben oder Live-Übertragungen von Terrorakten als Heldentaten inszeniert. Punkte gibt es für das Teilen von Propaganda, das Anwerben neuer Mitglieder oder die Teilnahme an Online-Diskussionen – oft in Form von Troll-Kommunikation. Rangsysteme, häufig angelehnt an militärische Hierarchien, belohnen besonders aktive Mitglieder. Wer sich hervortut, steigt auf – ein psychologischer Anreiz, immer mehr zu unternehmen.

Gaming ist für sich genommen kein direkter Risikofaktor für Terrorismus, aber es kann als Einstiegsplattform für Radikalisierung dienen.[28] Nicht die Spiele selbst sind das Problem, sondern die sozialen Strukturen in Online-Communitys, in denen extremistisches Gedankengut verbreitet wird. Da manche Jugendliche viel Zeit in diesen digitalen Räumen verbringen, entsteht eine Parallelwelt, in der Verschwörungstheorien, Hassnarrative und Feindbilder leichter Fuß fassen können. Gaming allein macht keinen Teenager zum Terroristen, doch die soziale Dynamik von Online-Spielen kann die Radikalisierung fördern, insbesondere wenn Jugendliche nach Zugehörigkeit, Identität oder Orientierung suchen. Besonders gefährlich ist, dass Gaming-Communitys oft außerhalb der Kontrolle von Eltern und Lehrern bleiben, wodurch Radikalisierungsprozesse lange unbemerkt ablaufen können.

Videospiele und Online-Gaming-Communitys sind für Radikalisierer besonders attraktiv, weil diese im Vergleich zu anderen Social-Media-Nachrichten- und Kommunikationsplattformen weitgehend auch unter dem Radar der staatlichen Institutionen geblieben sind. Oft werden die Gaming-Plattformen von Ermittlern nicht ernst genommen und als »Kinderspielplatz« betrachtet. Infolgedessen bieten Spiele Extremisten eine attraktive alternative Plattform, um zu kommunizieren, Propaganda zu verbreiten und gezielte Rekrutierungen vorzunehmen. Die Welt der Online-Spiele ist ein perfekter Brutkasten für Extremisten, da sie es den Anwerbern ermöglichen, potenzielle Rekruten zu identifizieren, mit ihnen Kontakt aufzunehmen, eine Beziehung aufzubauen und sie dann zu indoktrinieren.

Der sogenannte Islamische Staat nutzte bereits 2015 das Spiel *Clash of Clans*, um Jugendliche anzusprechen. Unter Namen wie *Gaming Dschihad* nutzen terroristische Organisationen Ego-Shooter-Spiele und gewalttätige Bilder, um junge Rekruten zu gewinnen. Propagandafilme des IS werden den beliebten Videospielen *Call of Duty* und *Grand Theft Auto* nachempfunden, um junge Gamer anzusprechen. Auch die libanesische Hisbollah entwickelte ihre eigenen Videospiele, in denen die Spieler gegen die israelische Armee kämpfen.

Im Mai 2018 bewarb Steam das Spiel *Active-Shooter*, in dem ein Schulmassaker simuliert wird. Der Spieler steckt in der Rolle eines Spezialkommando-Mitglieds, das in einer Schule nach einem Schützen sucht. Dann wird die Perspektive des wild um sich schießenden Schützen eingenommen. Der Werbeclip endet mit Bildern von auf dem Boden liegenden Leichen. Die Zahl der getöteten Zivilisten wird dabei mitgezählt.[29]

Wer auf Steam ein Profil anlegt, wählt damit auch sein Alias und Profilbild. Dabei sind die Kombinationsmöglichkeiten nahezu unbegrenzt, und es gilt, sich jeweils auf eine bestimmte Gaming-Identität festzulegen, unter der in der Community agiert wird. Da sich User/-innen bewusst für die Ausgestaltung des eigenen Profils entscheiden, sind insbesondere politisch konnotierte Namen und Bilder als Bekenntnis zu verstehen. So können Extremisten leicht nach Nutzern und Gruppen suchen oder sogar auf Gemeinschaftsseiten und in Foren für ihre Ideologie werben. Videospiele sind somit auch eine selbst selektierende Umgebung.

Generell finden Menschen im Internet leicht andere, die ihre Interessen teilen. Vorlieben für Videospiele und Filme wie *Counter-Strike*, *Matrix*, *Natural Born Killers* oder die Musik von Bands wie Marilyn Manson sind bei einigen Teenager-Terroristen nachgewiesen. Die gerade in Jugendkulturen verbreitete Faszination für solche Spiele, Filme und Bands haben die Bedeutung eines »cultural script«. Damit wird die Inszenierung von solchen Gewaltakten verstehbar.[30] Eine subkulturell motivierte Gewaltfantasie scheint geradezu typisch zu sein. Der virtuelle Raum macht heutige Täter stark.

Parallelen zwischen Games und Terrorismus

Gaming-Element	Beispiel im Terror-Kontext
Avatare/Identitäten	Radikale Nicknames, Maskierung der echten Person
Missionen/Quests	»Aufträge« zur Rekrutierung oder für Gewalttaten
Highscores/Ranking	Anschläge als Wettbewerb um »größten Impact«
Belohnungen	Anerkennung in der Szene, Statusaufwertung
Kooperative Teams	Online-»Bruderschaften« für radikale Aktionen

Eigene Darstellung

Ego-Shooter und School-Shootings

Die Ego-Shooter-Ästhetik schafft eine emotionale Distanz zur realen Gewalt. Jugendliche empfinden terroristische Taten nicht mehr als reale Verbrechen, sondern als »Heldentaten im Spielmodus«.[31] Shootings sind seit Mitte der 1990er-Jahre zu einem Massenphänomen geworden, von den Vereinigten Staaten über die westliche Welt bis hin zu Ländern wie Brasilien, Argentinien oder der Türkei. Dabei handelt es sich in der Regel um Amokläufe, um exzessive Gewalttaten von Jugendlichen oder jungen Erwachsenen, die als Rächer für angeblich erlittenes Unrecht Anschläge auf Schulen verüben, die sie besuchen oder einst besuchten.

Zwei Fallbeispiele: Der Columbine-Amoklauf ereignete sich am 20. April 1999 an der Columbine High School in Littleton, Colorado, als die Schüler Eric Harris und Dylan Klebold zwölf Mitschüler und einen Lehrer töteten, bevor sie sich selbst das Leben nahmen. Die Tat war monatelang geplant und beinhaltete nicht nur Schusswaffen, sondern auch selbst gebaute Bomben, die jedoch größtenteils nicht zündeten. Die Täter waren von Hass, Rachefantasien und einer Gewaltästhetik getrieben, die sie in Tagebüchern, Videos und Online-Foren dokumentierten.

Der achtzehnjährige Finne Pekka-Eric Auvinen ermordete am 7. November 2007 in einer Schule acht Menschen und richtete sich dann selbst. Vor seinen Taten lud er eine Fülle von Material im Internet hoch, einschließlich Fotos und Videos von sich selbst. Das Dokument betitelte er als »Attack Information«. Darin bezeichnete er seine Tat als Massenmord und politischen Terrorismus: »Obwohl ich eine Schule als Ziel wählte, sind meine Motive politisch und viel tiefliegender; deshalb will ich nicht, dass meine Attacken als School-Shooting bezeichnet werden.«[32]

In seinen Bekennerschreiben findet sich auch die folgende sozialdarwinistisch unterlegte Rechtfertigung: »Ich bin ein zynischer Existenzialist, antihumanistischer Humanist, realistischer Idealist und ein gottgleicher Atheist. Ich bin vorbereitet, um zu kämpfen und für meine Sache zu sterben. Ich [...] werde alle eliminieren, die sich als wertlos, als Blamage für die menschliche Rasse und als Ausfall der natürlichen Selektion erweisen. [...] Es ist Zeit, natürliche Selektion und das Überleben der Tauglichsten wieder wirksam werden zu lassen.«[33]

Der Inhalt des Manifests zeigt deutlich, dass der Täter mit Philosophie und politischer Ideologie vertraut war. Viele Menschen aus seinem Umfeld bestätigten sein großes Faible für Politik, bezeichneten ihn als Suchenden. Schon mit zwölf Jahren interessierte er sich generell für Politik, nach und nach wendete er sich den radikaleren Phänomenen zu: zunächst der Kommunistischen Partei Finnlands, dann dem politischen System Nordkoreas und schließlich dem Nationalsozialismus. Im Lauf des Jahres 2007 begann er, den mörderischen Plan zu schmieden. In seinem Tagebuch notierte er, mit einem Akt gegen die Menschlichkeit der Welt etwas hinterlassen zu wollen.[34]

Insgesamt zeigt sich, dass School-Shootings und Teenager-Terrorismus zwei Seiten derselben Medaille sind[35]: Beide speisen sich aus ähnlichen Online-Subkulturen, nutzen Gewalt als Mittel zur Selbstdarstellung. Beide Phänomene werden durch digitale Echokammern verstärkt, in denen Täter sich gegenseitig in ihrer Gewaltfantasie bestärken und eine identitätsstiftende Erzählung des »ausgegrenzten Rächers« aufgebaut wird. Während School-Shooters sich häufig als Opfer einer feindseligen Gesellschaft oder eines fehlerhaften Bildungssystems inszenieren, sehen sich jugendliche Terroristen als Kämpfer für eine größere ideologische oder religiöse Sache. In beiden Fällen dient die

Tat jedoch als finale Eskalation einer tiefen persönlichen Krise, oft begleitet von Isolation, psychischen Problemen und dem Wunsch nach weltweiter Aufmerksamkeit. Jugendliche, die sich in Online-Foren oder Chatgruppen mit Gleichgesinnten austauschen, werden in ihrer Gewaltfantasie bestärkt und entwickeln ein Narrativ des ausgegrenzten Rächers – sei es als Vergelter gegen ein »ungerechtes« Schulsystem oder als »Kämpfer« für eine extremistische Ideologie. Digitale Plattformen verstärken diesen Prozess, indem sie Inhalte und Gruppen vorschlagen, die radikale Ideen weiter befeuern. So verschwimmen die Grenzen zwischen School-Shooter und einem jugendlichen Terroristen, da beide ihre Wut zunehmend in ein ideologisches oder persönliches Gewaltmotiv umwandeln.

TikTok-Radikalisierung

TikTok, ursprünglich als unterhaltsame Plattform für Kurzvideos gedacht, ist inzwischen nicht nur eine der wichtigsten Plattformen für junge Menschen, sondern hat sich in den letzten Jahren auch zu einem Raum entwickelt, in dem extreme Ideologien, Verschwörungstheorien und Hassnarrative ungehindert zirkulieren können. Siebzig Prozent der TikTok-Nutzer sind zwischen sechzehn und vierundzwanzig Jahre alt.

Der Algorithmus von TikTok ist darauf ausgelegt, Nutzer so lange wie möglich zu fesseln, indem er ihnen immer radikalere Inhalte vorschlägt. Dadurch können Jugendliche, die einmal auf ein extremistisch angehauchtes Video gestoßen sind, schnell in eine Spirale der Radikalisierung geraten. Besonders gefährlich ist, dass viele extremistische Gruppen die Plattform gezielt nutzen, um Jugendliche mit subtiler Propaganda zu ködern – oft verpackt in Memes, trendige Musik oder scheinbar harmlose politische Botschaften. Dies senkt die Hemmschwelle für junge

Menschen, sich mit extremistischen Weltbildern auseinanderzusetzen und diese als legitim zu betrachten.

TikTok fördert mit seinen Trends eine Kultur der Nachahmung, was in extremistischen Kontexten besonders gefährlich wird. Rechte, linksextreme und islamistische Gruppen nutzen TikTok gezielt, um Inhalte in Form von Challenges oder viralen Trends zu verbreiten. Das macht es für junge Nutzer schwer, zwischen Unterhaltung und Propaganda zu unterscheiden. Hinzu kommt, dass die Plattform leicht manipulierbare Algorithmen hat, die es extremistischen Gruppen ermöglichen, ihre Inhalte gezielt auf unsichere oder leicht beeinflussbare Jugendliche auszurichten. Zudem sind Kommentare, Duett-Funktionen und private Nachrichten oft nicht ausreichend moderiert, sodass extremistische Akteure direkten Kontakt zu Jugendlichen aufbauen können. TikTok ist damit nicht nur eine Plattform für Unterhaltung, sondern ein hochwirksames Werkzeug zur Beeinflussung junger Menschen, das Radikalisierungsprozesse beschleunigen kann.

Taktiken extremistischer Gruppen auf TikTok

Taktik	**Beispiel**	**Ziel**
Memes & Humor	Ironische Nazi-Memes, Dschihad-Jokes	Desensibilisierung, Normalisierung
Musik & Popkultur	IS-Propaganda mit TikTok-Sounds	Tarnung extremistischer Inhalte
Verschwörungs-theorien	QAnon-Clips, Anti-Impf-Mythen	Einstieg in radikale Ideologien
Challenges & Hashtags	»Edgy«-Challenges mit versteckten Botschaften	Virale Verbreitung von Hass-Inhalten

Taktik	Beispiel	Ziel
Subtile Symbolik	Runen, Zahlencodes, Emojis	Codierung von Extremismus

Eigene Darstellung

Deutsche Verfassungsschützer schlagen inzwischen Alarm: Die Instrumentalisierung von TikTok durch Islamisten in Deutschland habe sich zu einem »Brandbeschleuniger« für Radikalisierung entwickelt.[36] Auf der Plattform findet man derzeit massenhaft propagandistisch inszenierte Videos aus Gaza, darunter Falschinformationen, Propaganda und Botschaften salafistischer Prediger, die mit ihren Beiträgen teils enorme Reichweiten erzielen. Dabei werden bewusst Opfer- und Rache-Narrative verbreitet, die dazu geeignet sind, junge Menschen anzustacheln. Und sie wirken. Eine vierzehnjährige Schülerin behauptete: »Es ist in Ordnung, israelische Kinder zu töten.«[37]

Ein immer wiederkehrender Aspekt ist darüber hinaus die dichotome Unterteilung in »halal« oder »haram«, eine theologisch verbrämte Einteilung der Welt in Gut und Böse, die sich wie ein roter Faden durch die Botschaften der Influencer-Preacher zieht und im Kern darauf angelegt ist, von Jugendlichen in Abgrenzung zur nichtmuslimischen Gesellschaft ein Scharia-gerechtes Leben zu fordern, das mit den Erfordernissen und Prinzipien des liberalen Rechtsstaats kaum in Einklang zu bringen ist.

Wie engmaschig TikTok und Teenager-Terrorismus miteinander verknüpft sind, zeigt der vereitelte Anschlag auf ein Taylor-Swift-Konzert Anfang August 2024 in Wien.[38] Swift gilt als derzeit erfolgreichster Popstar der Welt. Rund 200 000 Karten wurden für die insgesamt drei später abgesagten Konzerte am

8., 9. und 10. August 2024 verkauft. Am 7. August 2024 in den Morgenstunden erfolgte durch Ermittler in einem unscheinbaren Haus in Ternitz (rund 15 000 Einwohner, ca. 60 km von Wien entfernt) ein Zugriff, im Zuge dessen der neunzehnjährige Verdächtige Beran A. verhaftet wurde. Sichergestellt wurden u.a. Macheten, 21 000 Euro Falschgeld (wohl für eine mögliche Flucht), Bestandteile für den Sprengstoff Triacetontriperoxid (TATP) sowie offenbar ebenso Schwefelsäure, Zündkabel, Zünder und Schreckschussmunition – wahrscheinlich erworben entweder auf einem Schwarzmarkt in Wien oder im Darknet. Im Kühlschrank lagerte Beran A., so der Verdacht, eine Art DIY-Bombe.

Die österreichischen Polizisten hatten Beran A. zuvor tagelang observiert, wie er mutmaßlich mit dem hochexplosiven TATP hantierte, mit Handschuhen und Mundschutz. Bernan A. hatte dem Vernehmen nach auch Substanzen von seinem früheren Arbeitgeber gestohlen. Er arbeitete in einem Edelstahlwerk in Ternitz, wo er eine kaufmännische Lehre absolvierte, am 18. Juli hatte er gekündigt.[39] Zuvor hatte er die Handelsschule Neunkirchen besucht. Beran A., in Österreich geboren – seine Eltern sind ethnische Albaner aus Nordmazedonien und Muslime –, in Wien aufgewachsen, soll jeden Freitag die albanische Moschee in der Gliederstraße in Ternitz besucht haben.[40]

Der Neunzehnjährige potenzielle Terrorist soll sich nach Erkenntnissen der Direktion Staatsschutz und Nachrichtendienst (DSN) der radikal-islamistischen Terrormiliz Islamischer Staat (IS) angeschlossen, am 7. Juli einen Treueschwur auf deren Anführer abgelegt und vorgehabt haben, am 8. oder 9. August mit seinem Pkw mithilfe eines Blaulichts und Folgetonhorns möglichst nahe an das Ernst-Happel-Stadion heranzukommen, durch eine terroristische Amokfahrt möglichst viele Todesopfer zu generieren und davor versammelte Taylor-Swift-Fans mit seinem selbst gebastelten Sprengsatz bzw. einer Machete und Messern zu töten. Sein anfängliches vollumfängliches Geständnis hielt der Neunzehnjährige laut seinem Verteidiger Werner Tomanek anschließend nicht mehr aufrecht. »Sein Plan war, möglichst viele Menschen vor dem Stadion zu töten«, erläuterte der Leiter der Direktion Staatsschutz und Nachrichtendienst (DSN), Omar Haijawi-Pirchner.[41]

Widersprüchliche Informationen gibt es auch, was den Nachrichtenfluss betrifft, der zur Festnahme geführt hat. Laut Bericht der Nachrichtenagentur APA hätten zwei ausländische Geheimdienste, darunter einer aus den USA, bereits zehn bis vierzehn Tage vor den Konzerten die österreichischen Behörden gewarnt. Die *New York Times* berichtete am 28. August 2024 exklusiv, dass es eine Warnung durch den CIA gegeben habe. Der stellvertretende Direktor des CIA, David S. Cohen, habe bestätigt, dass der geplante Terroranschlag darauf zielte, eine große Anzahl von Menschen zu töten. Er sprach sogar von Zehntausenden.[42]

Die Kooperationsstelle der drei österreichischen Nachrichtendienste stellte die lange Vorlaufzeit in Abrede. Ausschlaggebend für die Information und die spätere Festnahme sei der IS-Treueschwur, den der Verdächtige geleistet haben soll. Offenbar wurde zunächst das Heeresnachrichtenamt informiert, der zuständige Auslandsgeheimdienst des Bundesheers. Dieses nahm Ermittlungen auf und informierte später den innerhalb der Strukturen des Innenministeriums angesiedelten zivilen Inlandsgeheimdienst DSN, wie *Der Standard* berichtete.[43]

Der mutmaßliche versuchte Terrorist posierte auf einem vom Innenministerium veröffentlichten Konterfei mit Vollbart und Macheten, das wie ein Abbild des Terroristen Kujtim F. wirkt, der im November 2020 vier Menschen in Wien erschoss.[44] Für den Dienst beim Bundesheer war er als untauglich eingestuft worden, offenbar aus körperlichen und psychischen Gründen.[45] Ganz anders wirkt die martialische Abbildung, die zumindest eine Waffenaffinität suggeriert.

Zunächst glaubten Beobachter eher an einen Einzeltäter, bis der DSN den konkreten Verdacht äußerte, dass es sich bei den tatverdächtigen Dschihadisten wahrscheinlich um ein »islamistisches Netzwerk« handele. Denn bereits wenige Stunden nach der Festnahme von Beran A. verhafteten Polizeibeamte den siebzehnjährigen Luca K. beim Wiener Ernst-Happel-Stadion. Er war dort seit einer Woche als Mitarbeiter eines Facility-Unternehmens tätig, das mit logistischen Vorbereitungsarbeiten für das bevorstehende erste Swift-Konzert beauftragt war. Der dringend Terrorverdächtige konnte sich frei am Veranstaltungsort bewegen. In der Geldbörse des Teenagers mit kroatisch-türkischen Wurzeln, zu dem Beran A. intensiven Kontakt gepflegt hatte, wurden IS-Aufkleber sichergestellt. Die Spuren des Siebzehnjährigen führten außerdem zu anderen sicherheitsrelevanten Vorfällen, die bis zum Swift-Konzert die politische Debatte in Österreich beherrscht hatten: die gewalttätigen Zusammenstöße zwischen Syrern auf der einen, Tschetschenen und Türken auf der anderen Seite. Er sei in einer Telegram-Gruppe aktiv gewesen, in der über Wochen Stimmung gegen eine syrische Jugendbande gemacht wurde. Anfang Juli 2024 stachen vermummte Tschetschenen unweit des Meidlinger Bahnhofs Afghanen nieder. Luca K. wurde in unmittelbarer Nähe von Überwachungskameras gefilmt, wobei seine Beteiligung an dieser Tat nicht nachgewiesen werden konnte.[46] Doch er wurde bereits vom Verfassungsschutz beobachtet. Er besuchte die Tewhid-Moschee, eine einschlägige radikal-islamistische Einrichtung in Wien-Meidling, die sich unter IS-Sympathisanten großer Beliebtheit erfreut. Bereits im März 2024 hatte er im Fokus eines Wiener Strafprozesses gestanden, weil er im oberösterreichischen Pasching einem Muslim im Beisein anderer ins Gesicht geschlagen haben soll, angeblich um ihn zum »richtigen« Islam zu bekehren.[47]

Zudem befand sich kurzfristig auch ein fünfzehnjähriger Teenager in Polizeigewahrsam, der jedoch als Zeuge angehört wurde. Während die beiden Älteren unter dringendem Verdacht standen, einen Terroranschlag auf eines der drei Konzerte von Taylor Swift in Wien geplant oder zumindest davon gewusst zu haben, bleibt die Rolle des Jüngsten unklar. Später wurde eine weitere Person in Wien festgenommen, dem Vernehmen nach ein achtzehnjähriger irakischer Staatsbürger. Er soll aus dem unmittelbaren Umfeld von Beran A. stammen und mit diesem freundschaftlich verbunden sein. Auch *Al Jazeera* berichtete über das »Netzwerk«.[48]

Der vereitelte Anschlagsplan verdeutlicht die ernsthafte Gefahr, die von radikalisierten Jugendlichen ausgeht. Die Hauptverdächtigen waren zwischen fünfzehn und neunzehn Jahre alt. Noch vor zehn Jahren hätte es wie Science-Fiction geklungen.

Islamistischer Content

Beran A. leistete im Juli den szeneüblichen Treueschwur auf den IS, die sogenannte Bai'a. Er tat dies offenbar frei verfügbar und offen zugänglich auf seinem Social-Media-Kanal auf Instagram. Auf TikTok folgte Beran A. Berichten zufolge dem Idol der digitalen Salafistenszene Abul Baraa. Geboren 1973 als Ahmad Armih als Sohn palästinensischer Eltern, lebte Abul Baraa einige

Zeit in ärmlichen Verhältnissen im Libanon, bis die Familie im Zuge des Bürgerkriegs nach Deutschland kam. Er betrieb in Berlin eine Moschee, die 2018 wegen des Verdachts der Terrorfinanzierung durchsucht und 2019 geschlossen wurde. Abdul Baraa ist in vielerlei Hinsicht einschlägig aktiv und offenbar auch mit dem Salafisten Pierre Vogel freundschaftlich und/oder geschäftlich verbunden.[49] Vogel wiederum geriet immer wieder ins Visier des Verfassungsschutzes. Der Kölner Salafistenprediger, der sich selbst Abu Hamza nennt, gilt als ein Advokat einer Scharia-basierten Parallelgesellschaft radikaler Muslime.[50] Die Generalbundesanwaltschaft in Deutschland hat Abul Baraa bereits 2021 angeklagt, weil er zusammen mit seiner Frau den Staat im Zusammenhang mit Corona-Hilfen betrogen haben soll. Im Juni wurde sein salafistischer Verein Deutschsprachige Muslimische Gemeinschaft e.V. (DMG) in Braunschweig verboten und seine Wohnung in Berlin erneut durchsucht.[51] Baraa macht online erfolgreich weiter. Auf TikTok folgen ihm knapp 82000 Menschen. Er kann wohl als einflussreichster Hassprediger im deutschsprachigen Raum gelten, mit internationaler Aufmerksamkeit. CNN bezeichnet ihn sogar als »Rock Star« der Szene.[52]

Frauen stellen laut Abul Baraa eine – wenn nicht sogar die – große Bedrohung der Selbstbeherrschung eines gläubigen Muslims dar. Sie gelten als Auslöserinnen der Fitna (Versuchung bzw. Durcheinanderbringen der göttlichen Ordnung). Um den frommen Muslim Gott vergessen zu lassen und zum Verlust der Triebkontrolle zu führen, reichten Kleinigkeiten: das Sich-Abzeichnen von Körperumrissen bei zu enger Kleidung, unverhüllte Haare und Haut, ja, schon die Stimme oder der Klang ihrer Schritte könnten ausreichen. Auch aus diesem Grund sei es jungen Frauen mit wenigen Ausnahmen nicht gestattet, unverhüllt und vor allem ohne Erlaubnis oder Begleitung ihres Ehemannes bzw. eines Mahram (eines männlichen Verwandten) das Haus zu verlassen – weder um ihre Familie zu besuchen noch um in die Moschee zu gehen, denn der beste Platz für sie (auch zum Beten) sei daheim.

Hier lässt sich leicht der Bezug zum Feindbild Taylor Swift herstellen, zumal die amerikanische Pop-Ikone als Symbol für westliche Liberalität, Toleranz und Freizügigkeit gilt, die von Abul Baraa und anderen Influencer-Preachern als dekadent verleumdet wird.[53] Zudem ist Islamisten Swifts Unterstützung der LGBTQ-Community ein Dorn im Auge.

Baraa arbeitet in seinen Statements geschickt mit Angstpädagogik. In einem auf TikTok kursierenden älteren Vortrag predigt er seinem Publikum in aufgeregter Manier: »Allah hat dir nur dieses Leben gegeben, damit du ihm dienst.« Eine lockere Religionsauffassung des Islam ist für Baraa keine Option. »Du hast keine Zeit zu lernen, wie Allah angebetet werden möchte? Schäm dich!« Wer Geld, Frauen und Macht dem Propheten vorziehe, so sagt Baraa, werde den Zorn Allahs zu spüren bekommen: »An diesem Tag wirst du nichts vor Allah, dem Allmächtigen, verstecken können, du wirst nackt und barfüßig vor ihm stehen – schwach.« Und wer Sünden begehe, dem drohe nicht weniger als das Höllenfeuer. Jene »verfaulten Herzen« seien »Kaffir« (Ungläubige). Baraa unterscheidet also deutlich zwischen aus seiner Sicht »richtigen« Muslimen und »Heuchlern«. Bereits 2018 betonte das ZDF in einer Dokumentation die Gefährlichkeit des islamistischen Hasspredigers.[54]

Der islamistische Teenager-Terrorismus ist eine der gefährlichsten Formen jugendlicher Radikalisierung, weil er sich oft unbemerkt über digitale Netzwerke, Moscheevereine oder persönliche Kontakte entwickelt und eine enorme Sprengkraft besitzt. Jugendliche, die sich diesem Extremismus zuwenden, werden nicht nur ideologisch indoktriniert, sondern oft auch für Anschläge instrumentalisiert – sei es durch terroristische Gruppen wie IS, Al-Qaida oder durch Einzeltäter, die sich selbst radikalisieren.[55] Auch der französische Dschihadist Rachid Kassim, ein ehemaliger Jugendbetreuer und Rapper, radikalisierte zahlreiche Jugendliche und junge Erwachsene über soziale Netzwerke. Die neunzehn Jahre alte Französin, die 2016 das Auto ihres Vaters mit Gasflaschen belud und vor der Pariser Kathedrale Notre-Dame abstellte, soll Kontakt zu Rachid Kassim gehabt haben. Mit zwei weiteren jungen Frauen soll sie den Anschlag geplant haben. In einem Abschiedsbrief erklärte sie, für den Dschihad sterben zu wollen. In und bei Paris wurden daraufhin auch drei fünfzehn Jahre alte Jungen wegen Terrorverdachts festgenommen. Und auch sie verbindet der Name Rachid Kassim. Allen dreien soll er über den verschlüsselten Nachrichtendienst Telegram geschrieben haben. Ebenso wie den beiden Angreifern, die Ende Juli 2016 einen Priester in Saint-Étienne-du-Rouvray ermordeten. Kassim wurde im Februar 2017 bei einem Drohnenangriff getötet.[56]

Auf TikTok finden sich außerdem Netzwerke, die Ministücke der salafistisch-dschihadistischen Gesinnung wiedergeben, auch auf Deutsch, aber vor allem auf Arabisch. Hier werden beispielsweise kurze Auszüge einer Rede Abu Bakr al-Baghdadis zitiert, des ersten »IS-Kalifen«, der 2019 getötet wurde, und mit einem Video geteilt, das IS-Kämpfer beim »Fußballspielen« mit einem abgetrennten Kopf zeigt.

Nur einen Click entfernt sind deutsche Videos zu der Frage, ob es erlaubt sei, sich an demokratischen Wahlen zu beteiligen, beispielsweise an der deutschen Bundestagswahl 2025.

Deutsche Salafi-Influencer zitieren den 1999 verstorbenen saudischen Kleriker Nasir al-Din al-Albani, der über amerikanische Muslime, die an den Wahlen in Amerika teilgenommen hatten, sagte: »Der Kufr [Unglaube] ist eine einzige Religion.« So wird Wählen als »Schirk«, als eine Form der Vielgötterei, definiert. In den Kommentaren ist außerdem zu lesen: »Wir wählen nur Allahs Gesetz.«

Wiederum nur einen Click entfernt finden sich Videos mit IS-Liedern, theologischen Fragen (zum Verbot von Schweinefleisch, zur Haltung im Gebet) oder Kundgebungen gegen Koran-Verbrennungen im Westen, unterlegt mit einschlägigen Slogans.[57] Es reichen einfache Fragen oder Suchbegriffe, um in einem ausgedehnten Ökosystem zu landen.

Innerhalb dieses Systems berufen sich islamistische Terroristen häufig auf eine Theologie der Gewalt[58], indem sie bestimmte religiöse Texte oder Konzepte selektiv und aus dem Kontext gerissen interpretieren, um Gewalt zu rechtfertigen. Dazu gehören unter anderem radikale Deutungen des Dschihad-Begriffs, Takfirismus (die Praxis, andere Muslime als Ungläubige zu deklarieren) oder die Vorstellung eines göttlichen Auftrags zur Errichtung eines islamischen Staats, regiert durch göttliche Rechtsprechung. Dabei wird die Jugend, Schabab, oft als bemerkenswertes Beispiel für Moral bezeichnet, das den vermeintlich schwachen und untätigen Erwachsenen überlegen sei und dem die illegitimen Ulama' (Gelehrten) folgen sollten. Durch diese Umkehrung traditioneller Autoritäten sollen junge Menschen sich von ihren Familien, Lehrern oder gemäßigten Gelehrten abwenden und stattdessen extremistischen Ideologien folgen. Gleichzeitig werden Begriffe wie »tawakkul« (Vertrauen auf Gott) und »fida'« (Opferbereitschaft) manipulativ eingesetzt, um das Konzept des persönlichen Opfers – einschließlich Gewalt oder Selbstaufopferung – religiös zu legitimieren. Der Dschihadismus lässt sich daher sogar als Jugendbewegung mit faschistischen Zügen deuten.[59]

Auffällig ist in diesem Zusammenhang, dass die aktuellen Täter oft jünger sind als in früheren Jahren. Und islamistische Terroristen sind in der Regel zurechnungsfähig, da sie ihre Taten meist planvoll und mit strategischer Absicht ausführen. Die Durchführung komplexer Anschläge, Rekrutierungsstrategien und propagandistische Kommunikation zeigen, dass sie rational agieren, auch wenn ihre Ideologie von extremistischen und oft fehlinterpretierten religiösen Vorstellungen geprägt ist. Ihre Handlungen sind nicht das Resultat eines akuten psychischen Wahns, sondern Ausdruck eines ideologisch motivierten Kalküls.

Ein weiteres gefährliches Element dieser Propaganda ist die toxische Männlichkeitsrhetorik, die darauf abzielt, junge Männer unter Druck zu setzen.[60] Durch die Abwertung von Frauen als »schwach« oder »weinerlich« wird die Botschaft vermittelt, dass wahre Stärke und Männlichkeit nur durch Kampf oder Gewalt bewiesen werden können. Solche Argumentationen appellieren an das männliche Ego und verstärken das Gefühl, dass es eine »Ehre« sei, für eine größere Sache zu kämpfen, während Untätigkeit als Feigheit oder Schande dargestellt wird. Diese Narrative werden von Al-Qaida, dem IS oder anderen dschihadistischen Organisationen genutzt, um Anhänger zu mobilisieren und ihnen ein vermeintlich religiöses Mandat für ihre Taten zu vermitteln. In diesem Kontext verwenden gewaltaffine Extremisten einen regelrechten Korpus an historischen Gelehrten und Schriften, die von AQ- oder IS-Ideologen bzw. -Theologen geschrieben wurden. In den Bekennerschreiben, den Videos, den Magazinen, in den kurzen Clips auf TikTok, auf X, Facebook,

WhatsApp oder sonst wo beziehen sich Attentäter und militante Zellen immer wieder auf diesen Korpus. Die Grundlagen, was der Dschihad ist, warum dieser militärisch wie auch durch Predigen geführt werden muss und wie ein islamischer Staat mit welcher Interpretation göttlichen Rechts etabliert werden soll, sind ausnahmslos in diesem Korpus zu finden.

Online-, Offline- und DIY-Radikalisierung

Das versuchte Terroranschlagsszenario rund um die Taylor-Swift-Konzerte Anfang August 2024 in Wien und die darauffolgende Absage haben ein weltweites Medienecho und eine intensive Debatte losgetreten, wie dem gewaltsamen islamistischen Extremismus mit den zur Verfügung stehenden Mitteln des Rechtsstaats beizukommen sei. Für die Extremismus- und Terrorismusforschung stellt sich die schwierige Aufgabe, derartige Fälle auf Basis offen zugänglicher Informationen zu analysieren, Rückschlüsse auf mögliche künftige Szenarien zu ziehen und die Frage zu beantworten, wie solche zu verhindern sind. Wer die oben diskutierten Charakteristika gewichtet, erkennt die besondere Bedeutung einer dualen Online- und Offline-Radikalisierung innerhalb des islamistischen Terrorismus.

Der siebzehnjährige Luca K., der als Terrorverdächtiger gilt, hat, wie erwähnt, die Tewhid-Moschee in Wien-Meidling besucht. Auch der damals Sechzehnjährige, der im September 2023 einen Terrorakt mit einer siebzehn Zentimeter langen Messerklinge am Wiener Hauptbahnhof geplant und in letzter Sekunde davon abgesehen hatte, verkehrte Berichten zufolge wöchentlich in der Tewhid-Moschee.[61] Dort betete bereits Kujtim F., nach dessen blutigem Terroranschlag am 2. November 2020 die Moschee im Zuge der Aufarbeitung der Ereignisse im Vorfeld zunächst behördlich geschlossen wurde, weil sich der spätere Attentäter dort radikalisiert haben sollte. In Sicherheitskreisen galt das Haus schon lange als Anlaufpunkt für die salafistische Szene. Der Verein legte Beschwerde ein, bekam teilweise recht, nachdem kein Gesetzesverstoß nachgewiesen werden konnte, und durfte 2021 wieder öffnen, ist aber offiziell nicht mehr Teil der Islamischen Glaubensgemeinschaft (IGGÖ).[62] Muhammed P., jener Imam, der laut Auflagen der IGGÖ hätte ausgewechselt werden sollen, dürfte dort allerdings weiterhin tätig sein. Er unterrichtet nachweislich bis heute Arabisch.[63] Dem radikalen bosnischen Prediger werden Verbindungen in die radikal-islamische Szene in Bosnien-Herzegowina nachgesagt. Vor einigen Jahren tauchten zudem antisemitische Predigten von ihm auf.[64]

Auch diese Zusammenhänge zeigen: Dynamiken im Radikalisierungsprozess sind vielfältig und multikausal. Radikalisierung verläuft nie bloß linear, und es bedarf stets einer Plattform und Katalysators bzw. Verstärkers. Nach dem Ansatz des renommierten US-Radikalisierungsforschers Arie Kruglanski sind es vor allem drei Systemebenen, die Radikalisierung bedingen: die Bedürfniskomponente (»needs«), die ideologische Komponente (»narratives«) und die Netzwerkkomponente (»networks«).[65] Verstärker müssen grundsätzlich alle drei Systemebenen abbilden. Dies erfolgt immer häufiger online im virtuellen Raum, jedoch darf man den Aspekt der realweltlichen Bestätigung nicht aus den Augen verlieren. Online- und Offline-Welten bedingen sich immer häufiger gegenseitig – vom Besuchen radikaler Moscheen, Treffen mit Gleichgesinnten im Sportverein bis hin zu konkreten Anleitungen via TikTok oder Telegram.

Der Islamische Staat Provinz Khorasan (ISPK) und seine Unterstützer beispielsweise nutzen zunehmend geschlossene, verschlüsselte Peer-to-Peer-Chatgruppen, um virtuelle Terrorplanungen durchzuführen und radikalisierten Anhängern online Anweisungen zu geben, wie sie Angriffe in ihren jeweiligen Zielländern durchführen sollen. Die Anweisungen dieser virtuellen »Unternehmer« können unterschiedliche Formen annehmen: Empfehlungen zu Zielen, zum taktischen Vorgehen sowie ideologische und/oder logistische Unterstützung.[66] Der Politikwissenschaftler Peter R. Neumann formuliert dies in einem Interview für die *Neue Zürcher Zeitung* folgendermaßen: »Sie schicken sich gegenseitig Videos von Anschlägen und geilen sich an der dargestellten Gewalt auf.«[67] Die *New York Times*-Journalistin Rukmini Callimachi deckte in ihren Recherchen die erschreckende Realität auf, wie Terrororganisationen gezielt Teenager anwerben, in ihre Netzwerke ziehen und instruieren – und dass hinter jeder Schlagzeile eine komplexe individuelle Geschichte steht.[68]

In diesem Zusammenhang steht der Messengerdienst Telegram gegenwärtig in der Diskussion, zumal in der Kasuistik der letzten Jahre vermehrt exakt diese Plattform von jugendlichen Extremisten für einschlägige Planungsvorhaben und Koordination zweckentfremdet worden war.[69] Modus Operandi, um sich als »wahre Gläubige« und dadurch als »Märtyrer« mit dem Anspruch auf das Paradies zu beweisen, kann es sein, mit Messern auf zufällige Opfer einzustechen oder mit Autos in Menschenmassen zu rasen, was seit fünfzehn Jahren das propagierte Mittel zum Zweck ist. Al-Qaida im Jemen beispielsweise beschrieb das 2010 in ihrem englischsprachigen Magazin *Inspire* in einem Artikel von Yahya Ibrahim mit dem Titel »The Ultimate Mowing Machine … And Inspire the Believers«.[70] Der IS veröffentlichte ein arabisches Dokument von Suhayl al-Hidschazi mit dem Titel *Und tötet sie, wo immer ihr sie trefft*. Das Cover ziert ein roter BMW mit Münchner Kennzeichen, der einen Menschen überfährt. Das Dokument begründet den Aufruf zur Gewalt mit dem Zitat aus dem Koran (Sure 2:191) im Titel und biegt das in den Kontext der ungerechten Grenzziehungen, des Balfour-Abkommens 1917 (der britischen Erklärung, eine jüdische Nation zu unterstützen) und der Staatsgründung Israels 1948, für die die westliche Staatengemeinschaft als Ganzes verantwortlich gemacht wird. Dieser Koran-Vers mit »Handlungsanleitung« wurde auch in einem IS-Video verwendet, das die Paris-Attentäter von 2015 ehrte.[71] Verse wie dieser werden ausschließlich in einer kriegerischen Realität gelesen und selektiv mit dem Hadith, den überlieferten Aussagen und Taten des Propheten Muhammad, als »religiös autoritativ« ausgegeben, wie zum Beispiel das »Lachen in der Schlacht«.[72]

Im Gegensatz zu diesen Anschlägen auf der Grundlage von Instruktionen beschreibt der »Do-it-yourself-Terrorismus« (DIY-Terrorismus) eine neue Form des Extremismus, bei der Täter ohne direkte Anweisungen oder Unterstützung von Terrororganisationen handeln. Statt Mitglied einer Gruppe zu sein, radikalisieren sich Jugendliche allein durch Online-Propaganda, Manifeste oder soziale Medien und setzen Anschläge eigenständig um. Diese Form des Terrorismus stellt eine enorme Herausforderung dar, da sie unvorhersehbar, dezentralisiert und schwer zu verhindern ist. Teenager sind besonders anfällig für DIY-Terrorismus, weil sie sich oft über das Internet radikalisieren, ohne direkten physischen Kontakt zu extremistischen Gruppen. Dabei spielen mehrere Faktoren eine Rolle: Erstens die einfache Verfügbarkeit extremistischer Inhalte, denn Manifeste, Anleitungen zum Bau von Waffen oder Bomben und Hasspropaganda sind online leicht zugänglich. Zweitens digitale Echokammern und soziale Isolation. Jugendliche verbringen viel Zeit in Foren, Gaming-Plattformen oder Social-Media-Kanälen, wo extremistische Ideologien verbreitet werden. Anders als klassische Terrorgruppen, die klare Ziele haben, agieren DIY-Terroristen oft aus persönlichem Hass oder Frustration heraus.

Aktuelle Fallbeispiele

Lange herrschte eine »trügerische Ruhe« im Umgang mit einer subkutan existierenden, generell erhöhten islamistischen Bedrohungslage.[73] Doch heute sieht man überdeutlich, dass im Netz mit einer betont lockeren, von Gangsterrap und Kampfsport geprägten »Ehrenmann«-Attitüde nicht für Produkte, sondern für eine extremistische Ideologie geworben wird, die vor allem bei marginalisierten jungen Männern auf fruchtbaren Boden fällt. Sie alle eint die Sympathie für eine mörderische Ideologie, das jugendliche Alter und ein Migrationshintergrund. Einige Fallbeispiel aus Deutschland:

- Am 16. April 2016 verübten zwei Jugendliche einen Sprengstoffanschlag auf das Gebetshaus der Sikh-Gemeinde in Essen. Dabei wurden drei Menschen verletzt. Die Täter waren Sympathisanten des IS und wurden später zu Jugendfreiheitsstrafen verurteilt.
- Am 18. Juli 2016 griff der siebzehnjährige Riaz Khan Ahmadzai, ein afghanischer Flüchtling, in einem Regionalzug bei Würzburg Passagiere mit einer Axt und einem Messer an. Er verletzte fünf Menschen, bevor er von der Polizei erschossen wurde. Tatsächlich galt der Siebzehnjährige als gut integriert. Er lebte als unbegleiteter minderjähriger Flüchtling in einer Pflegefamilie und machte

eine Berufsausbildung. Sein Angriff kam für sein Umfeld überraschend. Die Ermittlungen ergaben, dass er sich im Internet radikalisiert hatte. Auch eine handgemalte IS-Flagge wurde in seinem Zimmer entdeckt. Trotzdem gab es keine Hinweise darauf, dass er direkten Kontakt zu hochrangigen IS-Mitgliedern hatte oder dass der Anschlag gezielt von außen gesteuert wurde.

- Im November und Dezember 2016 versuchte ein zwölfjähriger Junge, Sprengstoffanschläge auf den Weihnachtsmarkt und den Rathausplatz in Ludwigshafen zu verüben. Die selbst gebauten Sprengsätze explodierten jedoch nicht. Ermittlungen ergaben, dass der Junge im Auftrag des IS handelte.
- Am 30. Mai 2017 wurde in der Uckermark ein siebzehnjähriger Asylbewerber syrischer Herkunft festgenommen. Er hatte in einer Nachricht an seine Mutter angekündigt, in den Dschihad einzutreten, was auf mögliche Anschlagspläne hindeutete.
- Im September 2023 wurden vier Teenager im Alter von fünfzehn und sechzehn Jahren festgenommen, die im Namen des IS Anschläge in Deutschland planten. Sie kommunizierten über Chats und hatten Angriffe auf Kirchen, Bahnhöfe, Gerichtssäle und Polizeireviere ins Auge gefasst. Bei Durchsuchungen wurden Macheten und Dolche gefunden. Die Beschuldigten seien dringend verdächtig, einen islamistisch motivierten Terroranschlag »gemäß den Zielen und der Ideologie des Islamischen Staats (IS)« vorbereitet zu haben.[74]
- Im Dezember 2023 sollen ein Fünfzehnjähriger aus dem Rheinisch-Bergischen-Kreis in Nordrhein-Westfalen und ein Sechzehnjähriger aus Brandenburg einen islamistischen

Anschlag auf vermeintlich »Ungläubige« auf dem Weihnachtsmarkt in Leverkusen geplant haben. Sie wurden festgenommen.[75]

- Ende März 2024 entschlossen sich ein sechzehnjähriges Mädchen aus Düsseldorf, ein siebzehnjähriges Mädchen aus Iserlohn und ein sechzehnjähriger Junge aus Lippstadt, während oder kurz nach dem muslimischen Fastenmonat Ramadan Anschläge auf Kirchen, Synagogen oder Polizeistationen zu verüben. Sie hatten sich durch den Konsum von Propagandamaterial des IS über das Internet radikalisiert; ihre Pläne wurden entdeckt, weil sie sich in Chats darüber austauschten. Das Landgericht Düsseldorf verurteilte die drei Teenager wegen Verabredung zum Mord und zu Brandstiftung mit Todesfolge, zum Teil in Tateinheit mit der Anleitung zur Begehung einer schweren staatsgefährdenden Gewalttat, zu Jugendstrafen von drei Jahren.[76]
- Im Mai 2024 wurde in Dresden der SPD-Politiker Matthias Ecke beim Anbringen von Wahlplakaten von vier jungen Männern attackiert und schwer verletzt. Ein siebzehnjähriger Tatverdächtiger stellte sich später der Polizei und gestand die Tat.[77]
- Im November 2024 wurde ein siebzehnjähriger Deutsch-Türke in Elmshorn festgenommen, da er verdächtigt wurde, einen Anschlag mit einem Lastwagen auf einen Weihnachtsmarkt geplant zu haben. Ein Hinweis eines US-Nachrichtendienstes führte zu seiner Festnahme.

Dass die abstrakte Bedrohung durch islamistische Terroranschläge auch in Österreich stark steigend ist, zeigt die jüngste Vergangenheit:

- Im September 2023 fuhr ein Sechzehnjähriger zum Wiener Hauptbahnhof, um Passanten wahllos niederzustechen. Im letzten Moment kehrte der Teenager unverrichteter Dinge um.[78]
- Am 7. Dezember 2023 nahm das oberösterreichische Landesamt Verfassungsschutz und Terrorismusbekämpfung in der Nähe von Steyr einen Sechzehnjährigen fest. Der Österreicher mit türkischen Wurzeln hatte im Netz Anschlagspläne für eine Synagoge in Wien kundgetan und sich Geld dafür besorgt.[79]
- Rund um Silvester 2023/24 konnten die österreichischen Sicherheitsbehörden einen Terroranschlag auf den Stephansdom vereiteln.[80] Die Beinahe-Attentäter, wobei etwas älter als der Durchschnitt der verhafteten Islamisten, waren Teil einer islamistischen Zellenstruktur des ISPK.
- Am 5. September 2024, dem 52. Jahrestag des Münchner Olympia-Attentats, ereignete sich in München ein versuchter Anschlag auf das israelische Generalkonsulat. Ein achtzehnjähriger Österreicher bosnischer Abstammung, Emrah Ibrahimović, reiste an diesem Morgen von seinem Wohnort im Salzburger Land nach München. Mit einem Repetiergewehr des Typs Karabiner 31 bewaffnet, eröffnete er das Feuer auf das NS-Dokumentationszentrum und versuchte anschließend, über den Zaun in das Gelände des israelischen Generalkonsulats einzudringen. Als dies misslang, schoss er auf das Gebäude. Bei einem darauf folgenden Schusswechsel mit der Polizei wurde der Angreifer tödlich verletzt. Die Ermittlungen ergaben, dass Emrah den österreichischen Behörden bekannt war. Er habe schon im Jahr 2021 Symbole der Islamistengruppe Haiat Tahrir al-Scham (HTS) in einem Computerspiel verwendet, die

im Dezember 2024 mithilfe anderer Rebellen in Syrien den Machthaber Baschar al-Assad gestürzt hat und daraufhin in den Staat integriert wurde. Die neue Übergangsregierung besteht heute zum Großteil aus HTS-Funktionären. Der spätere Schütze habe sich im Internet zudem viele Inhalte angeschaut, die sich mit einer Benachteiligung von Muslimen befassten. Videos mit Bezug zum Krieg in Gaza habe er mit antisemitischen Kommentaren versehen und andere als »Ungläubige« bezeichnet. Trotz eines behördlichen Waffenverbots erwarb er die Tatwaffe, ein in Österreich frei verkäufliches Gewehr, einen Tag vor dem Anschlag. Den Ermittlern zufolge war der Achtzehnjährige ein sozial isolierter Einzelgänger mit einer »unreifen Persönlichkeit«. Sie werteten die Schüsse als antiisraelischen Terroranschlag. Islamistische Motive hätten bei dem Angriff wohl nur eine untergeordnete Rolle gespielt.[81] Die Tat hat eine erneute Debatte über den Zugang zu Waffen in Österreich, die Überwachung von Gefährdern und die Gefahr islamistischer Radikalisierung in Europa ausgelöst.

In ganz Europa nutzen islamistische Gruppen gezielt die Suche junger Menschen nach Identität, Sinn und Gemeinschaft aus. Sie bieten ihnen eine perfekt inszenierte Heldenreise und nutzen dabei neben der Radikalisierung über digitale Plattformen das Versprechen einer höheren Mission – Jugendliche werden überzeugt, dass sie sich dem »wahren Islam« anschließen und für eine göttliche Sache kämpfen müssen – und die Darstellung des Westens als Feind: Demokratien werden als korrupt und unterdrückend dargestellt, während die islamistische Bewegung als »letzte Bastion der Wahrheit« inszeniert wird. Hier einige internationale Beispiele:

- Am 7. Juli 2005 kam es zu einer Großanschlagsserie von islamistischen Selbstmordattentätern auf die Zivilbevölkerung in London. Der öffentliche Nahverkehr sollte ausgeschaltet werden. Bei den vier Detonationen wurden 56 Menschen getötet. Unter den vier Tätern befanden sich zwei Teenager: Hasib Hussain, achtzehn Jahre alt, aus Leeds, ein Brite mit pakistanischen Wurzeln, sowie Jamal Lindsay, neunzehn Jahre alt, geboren in Jamaika. Im Bekennervideo wurden die britische Gesellschaft und die britische Regierung beschuldigt, direkt für die Anschläge verantwortlich zu sein.[82]
- Am 15. September 2017 kam es zu einer Verpuffung in einem U-Bahn-Zug der District Line ebenfalls in London, als dieser an der Station Parsons Green hielt. Der achtzehnjährige irakische Flüchtling Ahmed Hassan, der als unbegleiteter Minderjähriger nach Großbritannien gekommen war, wurde später wegen versuchten Mordes zu einer Haftstrafe von mindestens 34 Jahren verurteilt.[83]
- Am 2. März 2024 griff ein fünfzehnjähriger Schweizer mit tunesischen Wurzeln in Zürich einen fünfzigjährigen orthodoxen Juden mit einem Messer an und verletzte ihn lebensgefährlich. Der Angriff fand in der Nähe einer Synagoge statt und wurde von antisemitischen Äußerungen des Täters begleitet. Nach seiner Festnahme stellte sich heraus, dass der Jugendliche sich im Internet radikalisiert hatte. In einem Video bekannte er sich zur Tat und erklärte seine Solidarität mit dem IS.[84]
- Am Morgen des 17. Mai 2024 schossen drei Jugendliche in der Nähe der israelischen Botschaft in Stockholm um sich: ein Vierzehnjähriger, der feuerte, ein Fünfzehnjähriger, der am Steuer eines Taxis saß und Waffen hatte, sowie ein

sechzehnjähriger Beifahrer. Die Polizei kannte sie als Mitglieder der sogenannten Rumba-Gang, einer Stockholmer Jugendbande. Dabei gab es einen ungewöhnlichen Auftraggeber: die Regierung der Islamischen Republik Iran. Diese beauftragte ganz offenbar kriminelle Netzwerke in Europa, Anschläge gegen Israel durchzuführen.[85]

– Ein Achtzehnjähriger soll während der Olympischen Spiele von Paris 2024 einen Anschlag auf ein Stadion geplant haben. Offenbar war der Festgenommene islamistisch motiviert.[86]

Traurige Berühmtheit erlangte im internationalen Kontext vor allem Molenbeek, ein Stadtteil von Brüssel, wenige Kilometer vom Europäischen Parlament entfernt, weil mehrere islamistische Attentäter hier lebten. Der Stadtteil ist geprägt von hoher Arbeitslosigkeit, sozialer Ausgrenzung und einem hohen Anteil an jungen Menschen aus Migrantenfamilien, die sich oft benachteiligt fühlen. Diese sozialen Bedingungen begünstigen die Radikalisierung, da diese Jugendlichen den gesellschaftlichen Mainstream als feindlich oder unerreichbar empfinden. Das Phänomen, dass sich diese »lost generation« extremistischen Gruppen zuwendet und in sozialen Netzwerken und Moscheen radikalisiert wird, ist in Molenbeek besonders ausgeprägt, weil die sozialen Probleme tief verwurzelt sind und die Integration in die breitere Gesellschaft nur langsam voranschreitet.

Die Rolle von jungen Frauen

Während Terrorgruppen oft als männlich dominiert gelten, zeigen die folgenden Fallbeispiele, dass Frauen eine eigene, aber ebenso gefährliche Rolle spielen können. Sie werden mal als Kämpferinnen rekrutiert, mal als Ehefrauen und Unterstützerinnen des Dschihad. Dabei folgen sie einer romantisierten Vorstellung vom Kalifat, in dem Frauen als Mütter der Krieger eine zentrale Rolle spielen. Sie glorifizieren das Leben unter der Scharia, obwohl sie selbst oft mit Gewalt und Unterdrückung konfrontiert werden.[87]

Die norwegische Autorin Åsne Seierstad dokumentiert in ihrem Buch *Zwei Schwestern* die Geschichte der Schwestern Ayan und Leila, die 2013 im Alter von sechzehn und neunzehn Jahren ihre Familie verließen, um sich dem sogenannten Islamischen Staat in Syrien anzuschließen. Die Autorin zeigt ihre schleichende Transformation durch ideologische Indoktrination, den Einfluss radikaler Prediger, Online-Radikalisierung und bestimmte emotionale Faktoren auf. Die Schwestern übernahmen ein verzerrtes Bild von der Realität in Syrien, wurden Teil von digitalen Netzwerken und entfremdeten sich von ihrem bisherigen Leben.[88]

Shamima Begum war eine britische Schülerin aus London, die 2015 im Alter von fünfzehn Jahren mit zwei Freundinnen nach Syrien reiste, um sich ebenfalls dem sogenannten Islamischen Staat anzuschließen. Sie bekam drei Kinder mit einem IS-Kämpfer; keines davon überlebte. Ihr Fall wurde international bekannt, weil er beispielhaft zeigt, wie radikalisierte Teenager in Terrororganisationen geraten können und welche Konsequenzen das hat.

Im Jahr 2015 sorgte des Weiteren Leonora Messing, eine Jugendliche aus Sangerhausen in Sachsen-Anhalt, für Aufsehen, als sie, ebenfalls im Alter von fünfzehn Jahren, ohne das Wissen ihrer Familie über die Türkei nach Syrien reiste, um sich dem IS anzuschließen. Sie heiratete den Deutschen Martin Lemke, der Mitglied des IS-Geheimdienstes war und wie sie aus Sachsen-Anhalt stammte. Mit ihm bekam sie zwei Kinder, führte ihm den Haushalt, besuchte religiöse Schulungen und versuchte, andere deutsche Frauen zur Ausreise nach Syrien zu bewegen. Nach der Niederlage des IS floh Leonora 2017 in den Norden Syriens und wurde in verschiedenen Lagern untergebracht. Im Dezember 2020 kehrte sie nach Deutschland zurück, im Mai 2022 wurde sie wegen Mitgliedschaft in einer terroristischen Vereinigung und Verstoßes gegen das Waffengesetz zu einer zweijährigen Jugendstrafe auf Bewährung verurteilt.

Safia S., eine damals fünfzehnjährige Schülerin aus Hannover, stach im Februar 2016 am Hauptbahnhof Hannover einen Polizisten mit einem Messer nieder und verletzte ihn schwer. Die Tat wurde als erster islamistisch motivierter Anschlag einer minderjährigen Deutschen auf deutschem Boden eingestuft.[89] Safia S. hatte sich bereits in jungen Jahren radikalisiert und stand in Kontakt mit Mitgliedern des IS. Sie reiste im November 2015 in die Türkei, offenbar mit dem Ziel, nach Syrien zu gelangen, wurde jedoch von ihrer Mutter zurück nach Deutschland geholt. Im Januar 2017 wurde Safia S. vom Oberlandesgericht Celle wegen versuchten Mordes, gefährlicher Körperverletzung und Unterstützung einer terroristischen Vereinigung zu einer Jugendstrafe von sechs Jahren verurteilt.

Am 22. Oktober 2024 saß im österreichischen Graz ein Mädchen auf der Anklagebank, vierzehn Jahre alt, die Haare zu zwei Zöpfen geflochten. In arabischer Sprache soll sie dem IS einen Treueschwur geleistet haben, auch Fotos mit IS-Fahnen fanden die Ermittler auf ihrem Mobiltelefon. Radikalisiert hatte sie sich über TikTok: In Videos sprach sie über ihre Pläne, Unschuldige zu töten, als wäre es ein Computerspiel, und präsentierte sich in einem selbst gebastelten Nikab. Von der Richterin nach ihren Gründen befragt, antwortete die Vierzehnjährige: »Weil andere Leute wollten, dass ich das mache. Ich wollte dazugehören.«

»Sie wollten zu einer Terrororganisation dazugehören?«, hakte die Richterin nach. »Damals dachte ich nicht, dass es eine Terrororganisation ist, sondern eine islamische Organisation.«

Sie soll angegeben haben, dass eine Kirche ihr erstes Anschlagsziel sei, auch Angriffe auf eine Polizeiinspektion und einen Supermarkt soll sie laut Anklage genannt haben. Zwischenzeitig hatte die Vierzehnjährige Kontakt mit einem Unbekannten, der sich »Osman« nannte. Er riet von einer Messerattacke ab, da das Mädchen über keinerlei Kampferfahrung verfüge. Sie fragte ihn, wo sie einen Sprengstoffgürtel für einen Anschlag bestellen könne. Er schickte ihr eine Anleitung zum Bombenbau, die laut Gerichtssachverständigem auch funktioniert hätte. Aus einem weiteren Chat ging hervor, dass sie sich mit einem Mädchen in Deutschland über einen Anschlag auf dem Jakominiplatz in Graz ausgetauscht habe. Vor Gericht leugnete sie den Kontakt zu IS-Anhängern nicht: »Ich wollte wahre Freunde, die mich akzeptieren, wie ich bin, und das haben die Leute vom IS.«[90]

Rechtsextreme Ideologien

In den frühen 2000er-Jahren verteilte die Nationaldemokratische Partei Deutschlands (NPD) kostenlose Musik-CDs mit rechtsradikalen Liedern und subtiler politischer Indoktrination auf Schulhöfen in ganz Deutschland. Die Strategie der gezielten Propagandaaktion war perfide: Durch vermeintlich harmlosen Rock oder Hip-Hop wurden nationalistische, fremdenfeindliche und antisemitische Botschaften verbreitet, um junge Menschen frühzeitig für rechtsextreme Gedankenwelten zu gewinnen.[91] Die Kampagne war besonders gefährlich, weil sie auf emotionale Anknüpfungspunkte wie Wut, Rebellion und Identitätskrisen von Jugendlichen setzte. Während Sicherheitsbehörden und Schulen versuchten, die Verbreitung zu unterbinden, fanden die Inhalte dennoch über Tauschbörsen und digitale Plattformen ihren Weg zu ihren Adressaten.

Diese frühe Form der rechtsextremen digitalen Radikalisierung zeigt, wie Extremisten gezielt moderne Medien nutzen, um eine neue Generation von Anhängern zu rekrutieren – eine Strategie, die sich heute durch Social Media, Gaming-Foren und YouTube-Propaganda fortsetzt. So verfestigt sich eine neue rechte Jugendkultur mit hohem Gewaltpotenzial, wie Angriffe gegen Jugendclubs im südbrandenburgischen Spremberg und Senftenberg sowie eine schwere Brandstiftung in Altdöbern (Oberspreewald-Lausitz) beweisen. 2024 demonstrierten in deutschen Städten solche sehr jungen Neonazis, um die vierzehn und fünfzehn Jahre alt, gegen Christopher Street Days (CSD).[92]

Rechtsradikale Parteien sprechen Jugendliche häufig über gezielte Propaganda und Online-Strategien an. Heinz-Christian Strache, der ehemalige Vorsitzende der Freiheitlichen Partei Österreichs (FPÖ), hat beispielsweise eine direkte Ansprache an junge Menschen über verschiedene Medienkanäle gewählt, um deren Unterstützung zu gewinnen. Eine der markantesten und umstrittensten Methoden war der Einsatz von populären Musikformaten wie dem »Strache-Rap«, der ab dem Jahr 2014 von der FPÖ in sozialen Medien verbreitet wurde und darauf abzielte, eine junge Zielgruppe zu erreichen.[93] Der Rap beinhaltete politische Parolen und war eine Mischung aus provokanter Rhetorik und einem modernen, jugendlichen Musikstil, der versuchte, die Partei und ihre Ideologien als »cool« und »jugendnah« zu präsentieren.

Solche Medienformate sind, ebenso wie soziale Netzwerke, Foren und YouTube oder Plattformen wie 4chan und Telegram, besonders effektiv, um emotionale und ideologische Bindungen zu schaffen, da sie ein Gefühl der Gemeinschaft und Zugehörigkeit vermitteln. Sie bieten einfache Antworten auf komplexe gesellschaftliche Fragen und präsentieren sich als starke, entschlossene Alternative zu etablierten politischen Kräften. Oft werden Themen wie Anti-Globalismus, Nationalismus und »Heimatbewahrung« hervorgehoben, um Ängste und Unsicherheiten von jungen Menschen anzusprechen. Besonders Jugendliche, die sich ausgegrenzt oder orientierungslos fühlen, können sich durch diese simplen Botschaften verführt fühlen, ohne die tieferliegenden ideologischen Gefahren zu erkennen.

Eine der bekanntesten Gruppierungen, die bewusst auf junge Menschen abzielt, ist die Identitäre Bewegung. Sie nutzt eine Mischung aus nationalistischem Gedankengut und modernem Aktivismus, um sich als Jugendbewegung zu präsentieren. Die Identitären setzen vor allem auf Social Media und YouTube, um ihre Botschaften vom »Volkserhalt« zu verbreiten. Sie versuchen, die Ängste vor Migration und dem Verlust nationaler Identität zu schüren, und richten sich besonders an junge Menschen, die sich von den etablierten Parteien nicht vertreten fühlen. Ihre Medienstrategie ist geschickt, da sie ihre Aktionen, wie etwa »Flashmobs« oder das Aufhängen nationalistischer Banner an öffentlichen Plätzen, als rebellisch und gegen das Establishment gerichtet darstellen.[94]

Zudem setzen rechtsradikale Gruppen auf den Aufbau einer Gemeinschaft und das Gefühl von Exklusivität. Sie organisieren offline Veranstaltungen, Konzerte oder Jugendtreffen, bei denen sich Gleichgesinnte versammeln können. Diese Veranstaltungen sind oft als »freundschaftliche« Zusammenkünfte getarnt und sollen das Vertrauen junger Menschen gewinnen. Indem sie ein starkes Gemeinschaftsgefühl fördern und das Gefühl vermitteln, Teil einer Bewegung zu sein, die gegen »das System« kämpft, schaffen sie eine Bindung, die die politische Ideologie hinter den Aktivitäten oft überschatten kann. Jugendliche, die sich in rassistischen Ideologien radikalisieren, sehen sich deshalb oft als Teil eines größeren Kampfes – sei es gegen eine »bedrohliche« ethnische Gruppe oder gegen eine »korrupte« multikulturelle Gesellschaft.

Online werden antisemitische Narrative wie die Vorstellung von einer geheimen jüdischen Weltverschwörung (»Great Replacement«, »ZOG – Zionist Occupied Government«) oft subtil in scheinbar harmlose Inhalte verpackt – in Gaming-Communitys, in Form von Memes oder ironischen Kommentaren, die die Grenze zwischen Provokation und ernst gemeintem Hass auflösen. So erfolgt rassistische Radikalisierung schleichend über Online-Foren, Meme-Kultur und Verschwörungstheorien. Jugendliche geraten durch scheinbar harmlose Diskussionen oder »Witze« in rechtsextreme Netzwerke und werden nach und nach in ein geschlossenes Weltbild hineingezogen, in dem Gewalt als legitimes Mittel erscheint.

Insbesondere die Incel-Bewegung (»Involuntary Celibates«) – ein toxisches Online-Milieu, das Frauenhass, Rachefantasien und Gewalt gegen »das System« verherrlicht – hat in den letzten Jahren mehrere Jugendliche und junge Männer zu Attentätern gemacht. Oder die Anschläge wurden kurz vorher vereitelt: Im Februar 2023 beispielsweise wurde ein Sechzehnjähriger verurteilt, der einen wohl rechtsextremen Anschlag auf seine Schule geplant hatte, im Dezember wurde ein achtzehnjähriger Potsdamer Rechtsextremist verurteilt, der einen Anschlag mit improvisierten Bomben vorbereitet hatte.[95]

Diese Täter sehen sich oft als Teil einer globalen Bewegung und versuchen, durch Terroranschläge eine »Rassenrevolution«

oder den »Umsturz der Gesellschaft« zu beschleunigen (»Akzelerationismus«). Der digitale Raum verstärkt dieses Phänomen, weil Anschläge als »erfolgreiche Taten« inszeniert werden, wodurch sie neue Täter inspirieren. Die »Hasskrieger«, wie Karolin Schwarz sie in ihrem Buch nennt, haben sich fanatisiert, und zwar auf globaler Ebene.[96] Diese Form des Terrorismus ist nicht nur eine individuelle Gewalttat, sondern ein strategisches Werkzeug extremistischer Gruppen, um gesellschaftliche Spaltungen zu vertiefen und Angst zu verbreiten.

Der Begriff »Tag X« spielt im rechtsterroristischen Kontext dabei eine zentrale Rolle und beschreibt ein Szenario, in dem Extremisten den Zusammenbruch der bestehenden gesellschaftlichen, politischen oder staatlichen Ordnung erwarten oder aktiv herbeiführen wollen. Diese Vorstellung dient als ideologische Grundlage für rechtsextreme Gruppierungen und Einzelpersonen, die den »Tag X« als entscheidenden Wendepunkt betrachten, an dem ihre radikalen Ziele umgesetzt werden können.[97]

In den USA gibt es rechtsextreme Gruppen, die gezielt Jugendliche radikalisieren und manipulieren, um Fremdenhass und Gewalt zu legitimieren. Gruppen wie die Proud Boys und der Ku-Klux-Klan wenden sich an junge Menschen, um sie für nationalistische und rassistische Ideologien zu gewinnen.[98] Inspirationsquelle für die »Divisionen« ist der US-amerikanische Neonationalist James Mason, der in den 1980er-Jahren Ideen wie den »führungslosen Widerstand« (»Leaderless resistence«) entwickelte, diese in Newslettern verbreitete und schließlich unter dem Titel *Siege* in Buchform versammelte.[99] Diese Texte erfuhren ein Comeback, als sie 2017 im verbotenen »Iron Match«-Forum auftauchten, in dem bis zu 1600 Menschen registriert waren. Imageboard und Kommunikationswege von

Gamern sorgten für die Verbreitung von *Siege*. Vordergründig geht es um »White Supremacy«, die Vorherrschaft der weißen »Rasse«. Ziel solle es dieser Überlegenheitsideologie zufolge sein, die Gesellschaft durch gewalttätigen politischen Aktivismus zu destabilisieren – und zwar ausgehend von kleineren Zellen – und das politische wie kulturelle System zu »reparieren«. Als Feindbilder gelten Juden, Schwarze, Muslime, Politiker und Polizisten.

Im Zusammenhang mit James Mason entstand in den USA die Atomwaffen Division, die nach Angaben des Federal Bureau of Investigation (FBI) als hochgradig gefährlich gilt und zwischen vierzig und achtzig Aktivisten umfasst.[100] Im Sommer 2018 tauchte in Deutschland ein Rekrutierungsvideo im Internet auf. Darin ließ sich ein vermummter Mann mit technisch verzerrter Stimme über den Nationalsozialismus aus und sprach von »gewetzten Messern«. Zahlreiche Drohmails, etwa an die Grünen-Politikerin Claudia Roth und ihren Kollegen Cem Özdemir, trugen den Absender der Atomwaffen Division. Aktionen, die nicht bloß als »schlechter Scherz« von Internettrollen zu bewerten sind. Im »Mutterland« USA wurden Morde bekannt. So erschoss der siebzehnjährige Nicholas Giampa im Dezember 2017 in Virginia die Eltern seiner Freundin. Diese wollten ihm den Kontakt zu ihrer Tochter verbieten. Er plante eine »weiße Revolution« und leugnete den Holocaust.

Subkulturelle Parallelwelten kennen also weder nationale Grenzen noch ein Mindestalter für die Aktivitäten, die ganz konkret Anlass zur Strafverfolgung und Terrorismusprävention bieten. Das belegt ein Fall, der im April 2020 in Estland bekannt wurde.[101] Originalquelle war die Wochenzeitung *Eesti Ekspress*, dort berief man sich wiederum auf den Inlandsgeheimdienst und eine geleakte, öffentlich einsehbare Website via Medienportal »Unicorn Riot«. Besonders die Chatprotokolle waren relevant. Ein Dreizehnjähriger war offenkundig Anführer, in Eigenbezeichnung »Kommander« oder »Kriegsherr« (auf Deutsch), eines international, auch in Deutschland operierenden Terrornetzwerks, der sogenannten Feuerkrieg Division, kurz FKD. Diese bestand aus ca. dreißig Mitgliedern und geriet zuletzt auch in das Blickfeld deutscher Ermittler.

Eine derartig frühe Radikalisierung des Drahtziehers oder Rädelsführers ist erstaunlich, zumal der Junge, dessen Identität aus Jugendschutzgründen nicht enthüllt wird, schulisch als unauffällig galt und sich in seinen Aktivitäten weitaus »reifer« als sein natürliches Alter zeigte. Als Anführer setzte er ironischerweise das Eintrittsalter auf sechzehn Jahre fest. Dass er selbst diese Voraussetzung nicht erfüllte, fiel nicht weiter auf. Von einem Dorf in Estland aus verbreitete er Anleitungen zum Bombenbau und schlug konkrete Anschlagsziele vor. Insbesondere Orte jüdischen Lebens standen zur Debatte. So schrieb der »Kommander« unter anderem: »Wie mit den Nazis endet die Geschichte immer damit, dass es sich um die Juden dreht. Wir haben in Estland nur eine Synagoge. Aber ich werde nicht aufgeben. Wir haben [in der Hauptstadt Tallinn] eine jüdische Schule und im gleichen Gebäude ein Gemeinschaftszentrum.«[102] Im Chat-Forum der Feuerkrieg Division schlug er eine Priorisierung der Feinde nach zehn Abstufungen vor: »Erstens Polizisten, Politiker, Rassenverräter, zweitens Juden, drittens Libertäre, viertens Konservative, fünftens Kommunisten, sechstens Liberale, siebtens Furries [eine Subkultur, die mit tierähnlichen Symbolen hantiert], achtens ›Negroes‹ (Schwarze), neuntens Homosexuelle und zehntens Transsexuelle.« Außerdem gab der Dreizehnjährige die Adressen der Rechtsterroristen Anders

Behring Breivik und Brenton Tarrant, die beide nach akribischer Planung als Einzeltäter Dutzende Menschen ermordeten, bekannt – man solle ihnen Geburtstags- und Weihnachtskarten schicken.[103]

Die Gruppe, nach dem Vorbild der Atomwaffen Division aufgebaut, kommunizierte über den Messenger-Dienst Telegram. In Großbritannien wurde ein sechzehnjähriges Mitglied der Feuerkrieg Division wegen der Planung eines Massenmords und Brandanschlägen verhaftet. Er hatte seine Bewunderung für Adolf Hitler und James Mason zum Ausdruck gebracht und Synagogen in der Region Durham für potenzielle Angriffe ausgespäht. Ein Mitglied in Litauen zündete in Vilnius im Oktober 2019 eine Bombe. Sie hätte bei richtiger zeitlicher Taktung eine Vielzahl von Menschen in den Tod reißen können. Der Täter stand mit Mitgliedern aus anderen Ländern in engem Kontakt.[104] Bezüge gibt es auch zu Deutschland. Immer wieder mischte sich deutscher Inhalt in die Telegram-Kanäle, in denen vornehmlich auf Englisch kommuniziert wurde.

Zwei Fallbeispiele zeigen im Speziellen, wie rechtsextreme Ideologien und Online-Radikalisierung junge Täter in den Terrorismus treiben können. Beide Jugendlichen verübten gezielt Anschläge auf Minderheiten, inspiriert von vorherigen Attentätern, deren Manifeste und Ideologien sie über extremistische Online-Plattformen aufnahmen und weiterentwickelten.[105]

Payton Gendron, ein achtzehnjähriger Weißer, stürmte am 14. Mai 2022 schwer bewaffnet einen Supermarkt in einem überwiegend von Schwarzen bewohnten Viertel in Buffalo, New York. Zehn Menschen starben, drei weitere wurden verletzt. Er übertrug den Angriff live im Internet, offenbar in der Hoffnung, Gleichgesinnte zu inspirieren. Sein Manifest – stark beeinflusst von dem Christchurch-Attentäter Brenton Tarrant –

enthielt Verschwörungstheorien über einen angeblichen »White Genocide«, antisemitische Hetze und eine detaillierte Anleitung zu Waffen und Ausrüstung. Gendron sah sich als Teil eines größeren Kampfes, mit dem Ziel, eine »Spirale der Gewalt« auszulösen und weitere Anschläge zu provozieren.

Nur wenige Monate später, am 12. Oktober 2022, erschoss der damals neunzehnjährige Juraj Krajčík zwei Menschen vor einer queeren Bar in Bratislava. Vor der Tat hatte er bereits Anschlagspläne gegen den slowakischen Premierminister erwogen. Auch er hinterließ ein Manifest, das tief in antisemitische und rechtsextreme Ideologien verstrickt war. Er glorifizierte frühere Attentäter, sah sich als Teil eines »Rassenkampfes« und forderte explizit zur Eskalation auf, um eine destabilisierte Gesellschaft zu schaffen, in der Extremisten die Macht übernehmen könnten.

Beide Täter folgten einem ähnlichen Muster: Sie radikalisierten sich online, verehrten frühere Attentäter und betrachteten Gewalt als legitimes Mittel zur Verwirklichung ihrer Ideologie. Besonders beunruhigend ist ihr Bekenntnis zum Akzelerationismus. Die Taten zeigen, dass rechtsextreme Netzwerke und Online-Radikalität zunehmend eine grenzüberschreitende Gefahr darstellen, die sich nicht mehr auf einzelne Länder beschränkt.

So wurde im Juni 2022 ein siebzehnjähriger Neonazi in Potsdam festgenommen, der die Terrorzelle »Totenwaffen« gegründet hatte. Die Gruppe bestand aus minderjährigen Neonazis, die online aktiv waren und Terroranschläge vorbereiteten. Der Anführer wurde im Dezember 2023 zu fast vier Jahren Haft verurteilt.

Ein vierzehnjähriger Teenager in Belgien mit rechtsextremen Ansichten wurde im Januar 2025 festgenommen, weil er geplant hatte, einen terroristischen Anschlag auf eine Moschee zu verüben, wie die Staatsanwälte in Brüssel mitteilten.[106]

Im April 2025 wurde wegen eines geplanten rechtsextremistisch motivierten Anschlags auf die Synagoge in Halle an der Saale ein Neunzehnjähriger in der Schweiz festgenommen. Er soll die Anschlagspläne wiederholt in einer Telegram-Chatgruppe angekündigt haben.[107]

Auch die derzeitige Debatte um »Remigration« trifft mitten ins Herz jugendlicher Identitätssuche – besonders bei jenen, die zwischen Kulturen, Sprachen und Lebensrealitäten aufwachsen. Wenn Jugendlichen mit Migrationshintergrund das Gefühl vermittelt wird, sie gehörten »nicht wirklich« dazu, wächst nicht nur Entfremdung, sondern auch Wut – ein Nährboden, den extremistische Gruppen gezielt nutzen. Gleichzeitig radikalisieren sich auf der Gegenseite rechte Jugendliche, die in rassistischen Ideen wie »Remigration« eine einfache Antwort auf komplexe gesellschaftliche Fragen sehen. So wird das Schlagwort zur ideologischen Brandfackel, die Jugendliche auf beiden Seiten in eine Spirale der Ausgrenzung, Angst und Gewalt treibt – bis aus Worten Taten werden. Teenager-Terrorismus ist in diesem Klima nicht Ausnahme, sondern Warnung. Mehrere Hundert Deutsche sollen sich einem Medienbericht zufolge in rechtsextremen Chatgruppen via Telegram vernetzt haben, in denen Anschläge und Sabotageakte propagiert werden. Viele der Nutzer sind minderjährig, »manche gerade mal zwölf oder dreizehn Jahre alt«, wie der Rechtsextremismusforscher Miro Dittrich bestätigt.[108]

Vorbilder und Idole

Viele Teenager-Terroristen verehren religiöse, politische oder ideologische Führer, die für ihre extremen Ansichten und gewaltsamen Handlungen bekannt sind. Vorbilder für ihre Taten können auch »erfolgreiche« Einzeltäter wie Anders Behring

Breivik, Brenton Tarrant oder Eric Harris, der Columbine-Mörder, sein, wie es bei Payton Gendron oder der Feuerkrieg Division der Fall war.

Anders Behring Breivik, der mit 27 Jahren nach fast einem Jahrzehnt der Planung 77 Menschen ermordete, gilt als eines der grausamsten Beispiele für rechtsextremen Terrorismus. Besonders perfide war seine Vorgehensweise: Nach einer Bombenexplosion in Oslo verkleidete er sich als Polizist und begab sich auf die Insel Utøya, wo er gezielt auf junge Menschen schoss, viele davon mit Migrationshintergrund oder Mitglieder der sozialdemokratischen Jugendorganisation.[109] Sein Ziel war nicht nur ein Massaker, sondern ein Signal an Gleichgesinnte – sein 1500-seitiges Manifest diente als ideologische Vorlage für nachfolgende rechtsextreme Terroristen.

Brenton Tarrant verübte am 15. März 2019 in Christchurch, Neuseeland, einen der brutalsten rechtsextremen Terroranschläge der jüngeren Geschichte. Er stürmte zwei Moscheen während des Freitagsgebets, tötete 51 Menschen und verletzte Dutzende weitere – kaltblütig, minutiös geplant und live ins Internet übertragen. Der australische Täter handelte aus rassistischer, islamfeindlicher und verschwörungsideologischer Überzeugung und hinterließ ein Manifest, in dem er seine Tat als Teil eines globalen »Kriegs« gegen Migration und den Islam inszenierte. Auch sein Angriff war nicht nur ein Akt des Hasses, sondern ein digitales Signal an eine internationale rechtsextreme Szene.[110]

Vorbilder können aber auch historische Persönlichkeiten wie Che Guevara oder Osama bin Laden sein, die für ihre Ablehnung der westlichen Welt und ihre Gewaltbereitschaft berühmt wurden. Che Guevara ist ein prominentes, wenn auch umstrittenes Idol für viele Jugendliche, besonders in Kontexten, in denen der Wunsch nach Revolution und Veränderung herrscht. Der argentinische Arzt, Marxist und Guerillakämpfer wurde durch seine Rolle in der Kubanischen Revolution weltberühmt und ist seither ein Symbol für Widerstand gegen imperialistische und kapitalistische Systeme. Guevaras Image wird oft romantisiert, besonders durch ikonische Bilder wie das bekannte Porträt von Alberto Korda, das ihn als mutigen Kämpfer für soziale Gerechtigkeit darstellt.[111]

Osama bin Laden, Anführer von Al-Qaida, der die Terroranschläge vom 11. September 2001 organisierte, wird oft als Symbol für Widerstand gegen den Westen und für die »Verteidigung« des Islam verehrt. Seine Ideologien und seine Bereitschaft, extreme Gewalt als Mittel des Widerstands zu nutzen, machen ihn zu einer populären Figur unter Jugendlichen, die sich von militanten islamistischen Bewegungen angezogen fühlen.[112]

Für Teenager, die sich von der Gesellschaft ausgeschlossen fühlen, sind solche historische Figuren oft die personifizierte Version dessen, was sie selbst anstreben: Stärke, Unabhängigkeit und eine klare, vereinfacht dargestellte »Wahrheit«. Die Idole bieten nicht nur eine klare Feindbild-Dichotomie, sondern auch das Bild eines »Kriegers« – jemand, der gegen das als ungerecht empfundene System kämpft, um eine vermeintlich höhere Moral oder eine neue Weltordnung zu etablieren.

Doch neben historischen und politischen Figuren können auch sogenannte Influencer auf sozialen Medien zu Idolen für Teenager-Terroristen werden.[113] Diese Personen zeichnen sich durch ihre Fähigkeit aus, eine große Anhängerschaft zu gewinnen, indem sie polarisierende, radikale Ansichten verbreiten, die oft in einen Kontext von »Männlichkeit«, »Selbstbestimmung« und »Revolution« verpackt sind. Diese digitalen Idole bieten den Jugendlichen eine Plattform, um ihre eigenen Gefühle der

Frustration und Ablehnung auszudrücken und sich mit einer Gruppe von Gleichgesinnten zu verbinden, die dieselbe Weltanschauung teilen. Sie vermitteln das Gefühl, dass der »Feind« identifiziert und die Antwort auf die eigene Ohnmacht in gewaltsamen, radikalisierten Handlungen gefunden werden kann. Diese modernen »Helden« des Internets glorifizieren nicht selten auch die Gewalt als Mittel zur Veränderung.

Neue Geschäftsmodelle

Andere Helden im TikTok-Zeitalter sind weniger die Ritter oder Kämpfer gegen das Unrecht, sondern vielmehr die, die es schaffen, das digitale Spiel zu beherrschen – ihre Marke zu verkaufen, ihre Lebenserfahrungen zu teilen und durch ihre Präsenz eine Art »Bewegung« zu starten. Diese neuen Helden stehen für Individualismus, Selbstverwirklichung und die Möglichkeit, aus dem Nichts heraus erfolgreich zu werden.

Andrew Tate, ein ehemaliger Kickbox-Weltmeister und mittlerweile ein sehr umstrittener Influencer, übt erheblichen Einfluss auf viele Jugendliche aus, vor allem durch seine Präsenz in sozialen Medien. Seine Botschaften sind oft provokativ und polarisiert, und er hat eine breite Anhängerschaft unter jungen Menschen gewonnen, die sich von seinen Aussagen über Männlichkeit, Erfolg und gesellschaftliche Normen angezogen fühlen.

Andrew Tates »The Real World« wird als eine Art Online-Business-Schule vermarktet, die jungen Männern beibringen soll, wie sie finanziellen Erfolg, Unabhängigkeit und persönliche Selbstverwirklichung erreichen können. Es handelt sich um eine Plattform, die eine Vielzahl von Kursen zu Themen wie Unternehmertum, Investitionen und Selbstverbesserung anbietet. Tate positioniert die Plattform als Alternative zu traditionellen Bildungseinrichtungen und klassischen Karrierewegen und spricht Menschen an, die nach einer Möglichkeit suchen, schnell finanziellen Erfolg und sozialen Status zu erlangen. Die Monetarisierung erfolgt durch Abonnements, exklusive Kurse oder Coaching-Modelle, die jungen Menschen das Versprechen eines schnellen Erfolgs bieten, wenn sie die Ideologie vollständig annehmen. So wird das Internet nicht nur zum Vehikel für ideologische Manipulation, sondern auch zu einer lukrativen Geschäftspraxis, die eine wirtschaftliche wie auch psychologische Ausbeutung von Jugendlichen ermöglicht.[114]

Tate propagiert ein Bild von »echter Männlichkeit«, das stark auf Dominanz, Überlegenheit und materiellen Erfolg ausgerichtet ist. Für Jugendliche in einer Phase der Selbstfindung, die nach Orientierung suchen, kann dieser Ansatz verführerisch erscheinen. Er bietet eine klare Antwort auf die komplexen Fragen zur eigenen Identität und stellt oft traditionelle Rollenbilder und Verhaltensweisen als ideal dar. Diese Vision von Männlichkeit ignoriert jedoch die Bedeutung von Empathie, Respekt und Gleichberechtigung, was Jugendliche in einer verzerrten Wahrnehmung von Beziehungen und sozialer Verantwortung gefangen halten kann.

Viele junge Menschen, die sich nach einem klaren Zweck und einer starken Gemeinschaft sehnen, finden bei Andrew Tate eine Art von Zugehörigkeit. Er stellt sich als Mentor dar, der seine Anhänger mit »Geheimnissen« des Lebens versorgt, die sie glauben lassen, sie würden hier exklusives Wissen erlangen. Auf Jugendliche, die oft mit Unsicherheiten über ihre Zukunft und ihre Rolle in der Gesellschaft kämpfen, kann diese vermeintliche Klarheit eine starke Anziehungskraft ausüben. Sie sind fasziniert von seinem Selbstbewusstsein und seiner scheinbaren Authentizität. Durch eine Mischung aus Selbstverwirklichung und Anti-Establishment-Rhetorik schafft Tate eine Art

»mentales Ventil« für junge Menschen, die sich von der Gesellschaft, den Medien oder traditionellen Institutionen entfremdet fühlen. Während viele seiner Botschaften anfangs harmlos erscheinen mögen, verstecken sich hinter seinen Aussagen häufig gefährliche und extremistische Ideologien, die sexuelle und gesellschaftliche Hierarchien verstärken. Besonders problematisch ist die Art und Weise, wie Tate stellenweise Gewalt, Missachtung von Frauen und die Ablehnung von Gleichberechtigung predigt. Diese extremen Ansichten können bei Jugendlichen, die besonders empfänglich für schwarz-weiße Weltsichten sind, die Bereitschaft fördern, sich radikaleren Ansichten zuzuwenden. Insbesondere für Jugendliche, die ohnehin schon anfällig für Isolation oder Frustration sind, können Tates Ideologien als einfache, aber zerstörerische Lösungen wirken, um sich stärker oder bedeutungsvoller zu fühlen. Andrew Tate ermutigt seine Anhänger dazu, ständig an sich selbst zu arbeiten, Erfolg zu suchen und sich von Schwächen zu befreien. Während der Wunsch nach persönlichem Wachstum und Erfolg nicht grundsätzlich negativ ist, kann dieser Fokus auf übermäßigem materiellen Wohlstand und Oberflächlichkeit das Selbstwertgefühl junger Menschen schädigen. Sie beginnen zu glauben, dass ihr Wert nur durch äußere Erfolge und Status definiert wird, und verlieren dadurch die Fähigkeit, sich selbst als wertvoll zu betrachten, unabhängig von gesellschaftlichen Standards.

Andrew Tates Einfluss auf Jugendliche ist eine komplexe Mischung aus Faszination, Verwirrung und potenzieller Gefährdung. Während einige Jugendliche in seinen Botschaften Bestätigung und Klarheit finden, führt dieser Einfluss bei vielen auch zu einer verzerrten Weltsicht, die toxische Männlichkeit und gesellschaftliche Isolation fördert. So können sie dazu verleiten werden, radikale Weltanschauungen zu übernehmen und in einem Selbstverständnis von »Überlegenheit« und Gewalt zu agieren. Es ist daher wichtig, dass Jugendliche über die Auswirkungen solcher Ideologien aufgeklärt werden und Alternativen zu diesen vereinfachten, aber gefährlichen Antworten finden – Alternativen, die sie zu einer gesünderen, respektvolleren und empathischeren Sichtweise des Lebens führen.

Die Rolle von Influencern wie Andrew Tate auf potenzielle Teenager-Terroristen ist nicht zu unterschätzen, da sie eine erhebliche Einflussnahme auf die Meinungsbildung und die Weltanschauung junger Menschen haben können. Sie nutzen ihre Reichweite, um eine spaltende Ideologie und Feindbilder wie Frauen, Minderheiten oder das »System« insgesamt zu verbreiten, die das Gefühl der Unzulänglichkeit und des Widerstands gegen die Gesellschaft verstärken.

Charismatische Figuren, die als Influencer agieren, nutzen ihre Kanäle, um eine massive Anhängerschaft zu gewinnen und ihre Inhalte monetär zu verwerten. Sie bieten den Jugendlichen eine einfache Lösung für komplexe soziale und persönliche Unsicherheiten, indem sie Macht, Status und Selbstbestimmung durch die Übernahme extremistischer Ideologien versprechen. Diese Personen agieren nicht nur als »Lehrer«, sondern auch als Marken, deren Weltanschauungen und Lebensstile in exklusiven Programmen oder Kursen verkauft werden. Gleichzeitig wird die Zugehörigkeit zu einer »Elite« oder einer vermeintlich überlegenen Gemeinschaft als Anreiz genutzt, was den kommerziellen Erfolg weiter steigert. Das Geschäftsmodell zielt darauf ab, die Suche nach Identität und Anerkennung bei Jugendlichen zu kanalisieren und in eine finanzielle Einnahmequelle umzuwandeln, während zugleich die Gefahr besteht, dass sich diese jungen Menschen in gefährlichen ideologischen Strukturen wiederfinden.

Teenager-Terrorismus als Businessmodell, insbesondere im Zusammenhang mit dem Influencer-Marketing von Figuren wie Andrew Tate, wirft ein beunruhigendes Licht auf die Kommerzialisierung von Radikalismus und extremistischen Ideologien. Im Oktober 2024 wurde beispielsweise der islamistische TikTok-Star Abdelhamid wegen Betrugsverdachts festgenommen. Er soll mit Spendenaufrufen für notleidende Kinder und mildtätige Zwecke über 353 000 Euro aufgetrieben, aber nur 5000 Euro weitergeleitet haben. Der Extremismusforscher Nicolas Stockhammer schlägt vor, im Kampf gegen islamistische Influencer deren Geschäftsmodelle unter die Lupe zu nehmen, Gegenstrategien zu entwickeln und deren Aktivitäten zu schwächen.[115]

Der Fall Ali David Sonboly

Jugendliche werden also oft nicht durch klassische rechtsextreme Gruppen radikalisiert, sondern durch Influencer oder Online-Kulturen wie Incel-Foren, rechtsextreme Memes, Gaming-Communitys und verschwörungsideologische Plattformen wie QAnon. Doch Statistiken und Theorien allein reichen nicht aus, um zu verstehen, warum Jugendliche zu Terroristen werden. Hinter jedem Anschlag, hinter jeder Radikalisierung steckt eine Geschichte – eine Familie, ein Umfeld, ein digitaler Sog, der sie mitgerissen hat. Erst durch konkrete Fälle wird sichtbar, wie sich Muster wiederholen, wie soziale, psychologische und ideologische Faktoren zusammenspielen – und wie schnell aus einem unscheinbaren Teenager eine tödliche Bedrohung werden kann.[116] Jeder Fall bietet Einblicke in die psychologischen, sozialen und digitalen Mechanismen, die Jugendliche dazu bringen, sich extremistischen Ideologien zuzuwenden. Daher möchte ich auf den Fall Ali David Sonboly näher eingehen, in dem ich Gutachter war und über 4000 Seiten Akten auswertete.[117]

Sonboly, der 2016 eine lange geplante Mehrfachtötung in München beging, beginnend in einem McDonald's-Restaurant im Münchner Olympia-Einkaufszentrum (OEZ), wurde am 20. April 1998 in München als Sohn iranischer Einwanderer geboren. Er wuchs in der Maxvorstadt auf und lebte dort mit seinen Eltern und seinem jüngeren Bruder. In der Schule erlebte er über Jahre hinweg Mobbing und körperliche Misshandlungen, insbesondere durch Mitschüler mit Migrationshintergrund. Seine Kindheit war geprägt von psychischen Problemen; er litt unter Depressionen, Angstzuständen und einer posttraumatischen Belastungsstörung. 2015 wurde er deshalb zwei Monate lang stationär behandelt. Schon als Kleinkind wurde Autismus bei ihm diagnostiziert. Er nahm Antidepressiva, hatte Angst vor der Existenz eines »Virus« und einer »Matrix«. Immer wieder äußerte der Beschuldigte auch Suizidgedanken und tätigte Äußerungen, die auf Aggressionen gegen Dritte schließen ließen, insbesondere gegenüber Jugendlichen mit südosteuropäischem Migrationshintergrund, die er für das Mobbing verantwortlich machte. Sämtliche Therapeuten verneinten jedoch das Bestehen einer Selbst- oder Fremdgefährdung.

Offenbar erlebte Sonboly außerdem eine Form des übersteigerten Liebeskummers. Er lernte das Mädchen M. 2013 in einem Kampfsportkurs kennen. In den mit sich selbst geführten Chat-Protokollen hieß es: »Ich kann sie nicht vergessen.« Offenbar stalkte er sie, denn sie wollte von ihm nichts wissen. Auch über Fake-Accounts versuchte er sich ihr zu nähern.

Das Verlangen einerseits, als »echter Deutscher« angesehen zu werden, und die leichte Zugänglichkeit zu radikalen Ideen und Gleichgesinnten andererseits erleichterten die Radikalisierung, die sich in diesem Fall gut mitverfolgen lässt. So beschäftigte er sich intensiv mit Amokläufen, Massenmorden, Tätern und Opfern von Gewalttätern, nicht nur im Internet. In seinem Zimmer fand die Polizei etwa das Fachbuch *Amok im Kopf. Warum Schüler töten* des US-amerikanischen Psychologen Peter Langman, das als wissenschaftliches Standardwerk für dieses Phänomen gilt, sowie Zeitungsausschnitte zu ähnlichen Taten. Besonders faszinierte ihn der Amoklauf von Winnenden: Am 11. März 2009 tötete der siebzehnjährige Tim Kretschmer an der Albertville-Realschule und auf seiner anschließenden Flucht insgesamt fünfzehn Menschen, bevor er Suizid beging. Sonboly reiste zweimal nach Winnenden, um sich den Tatort genauer anzusehen. Am 25. Mai 2015 suchte er außerdem das Grab der türkischstämmigen Tuğçe Albayrak in Offenbach auf. Albayrak war im November 2014 auf dem Parkplatz eines Offenbacher McDonald's-Restaurant von einem Achtzehnjährigen niedergeschlagen worden; ihr Tod löste in Deutschland eine intensive Debatte über Jugendkriminalität und Zivilcourage aus. Zeugenaussagen zufolge äußerte Sonboly sich mehrmals abfällig über die Studentin und machte sich über ihre Ermordung lustig.

Nach der Schule zog sich Sonboly in sein Zimmer zurück und verbrachte seine Zeit im Wesentlichen allein vor dem Computer. Seinen ersten Steam-Account legte er im Alter von neun Jahren an. Als Kompensation für seine Gewaltfantasien griff der computersüchtige Teenager zu Computer- und Gewaltspielen, etwa Ego-Shooter; allein über 4000 Stunden *Counter-Strike* auf Steam sind belegt. Dabei verwendete er Spielernamen wie »Amoklauf«, »Drecks- und Scheißtürkei« (in kyrillischer Schrift), »Prophet 5 Gottgleicher Deutscher«, »Propheter Deutscher Stolz (AFD)« oder »Executer GER«. Wegen seines exzessiven Spieleverhaltens war er auch in psychotherapeutischer Behandlung. In sein Zimmer durfte die Familie nicht, vom monatelangen Schießtraining im Keller des Wohnhauses, bei dem sich Sonboly in fremdenfeindliche Tiraden hineinsteigerte, wie ein Video belegt, bekam die Familie nach eigenen Aussagen nichts mit.

Doch schon während seiner psychiatrischen Behandlung fiel er durch das Zeichnen von Hakenkreuzen und positive Äußerungen über Adolf Hitler auf. In einem auf seinem Computer gefundenen Dokument bezeichnete er Menschen, die er hasste, als »Kakerlaken«, die exekutiert werden müssten. Bezogen auf den Stadtteil Feldmoching-Hasenbergl führte er schriftlich aus: »Die ausländischen Untermenschen mit meist türkisch-balkanischen Wurzeln regieren die Kriminalität und sind für die Destabilisierung des Stadtteils verantwortlich. Sie haben einen unterdurchschnittlichen IQ, sind sehr aggressiv und haben keinerlei Rücksicht auf Gebäude, Drogeriemärkte usw. Die Lebenserwartungen dort sind für die zivilisierten Menschen nahezu null.« Diesem Text fügte Sonboly am Tattag ein zweites Dokument hinzu. In dem auf dem Computer gespeicherten Text schrieb er: »Das Mobbing wird sich heute auszahlen. Das Leid, was mir zugefügt wurde, wird zurückgegeben.« Der Name der Datei lautete: »Ich werde jetzt jeden deutschen Türken auslöschen egal wer.docx«.

Seine einstige beste Freundin Svenia G. sagte, er habe aus seinen Mordfantasien keinen Hehl gemacht: »Früher war das halt: ›Ich habe Streit mit dieser Person.‹ Und später wurde es: ›Ich hasse diese Person. Ich bringe die irgendwann mal um.‹ Und später war es immer so: ›Ich hasse diese ganzen Leute. Ich hasse die Türken! Ich hasse das! Ich möchte das einfach nicht in meinem Leben.‹ Wie oft wir jetzt zu den Lehrern gegangen sind und gesagt haben, dass Ali wirklich extrem in alldem verfangen ist und dass er seine Ideen umsetzen möchte. Das haben wir gesagt, aber es kam halt nichts. Es wurde immer abgenickt als ›Ja, das ist nur der Ali‹.«[118]

Dass der Täter nach Sündenböcken suchte – in seinem Fall Menschen mit Migrationshintergrund –, ist möglich. Generell störte er sich auch an »zu kurzen Röcken« bei jungen Mädchen, obwohl nachgewiesen ist, dass Sonboly, selbst ein schiitischer Muslim, eine Abneigung gegen den Islam hatte. Ihn störte auch das liberale Auftreten von jungen Menschen im McDonald's, weshalb er nicht zufällig seine Opfer mithilfe eines perfiden Plans dorthin locken wollte: Mit einem gefakten Facebook-Account gab er sich als ein türkisches Mädchen aus Hessen aus, um »Freunde« zu dem Restaurant am OEZ einzuladen. Am 22. Juli 2016, dem fünften Jahrestag der Morde des norwegischen Rechtsextremisten Anders Behring Breivik, tötete Sonboly insgesamt neun Menschen und verletzte fünf weitere schwer. Die Opfer hatten, äußerlich identifizierbar, einen Migrationshintergrund, sechs waren Jugendliche zwischen vierzehn und siebzehn Jahren, zwei waren junge Erwachsene im Alter von neunzehn und zwanzig Jahren. Drei Jugendliche waren türkischstämmig, zudem wurde eine 45 Jahre alte türkische Frau getötet. Drei andere Jugendliche, ein Junge und zwei Mädchen, waren Kosovo-Albaner. Während der Tat schrie Sonboly seinen Hass auf Ausländer laut heraus.

Auf der Online-Spieleplattform Steam schloss Sonboly sich dem Anti-Refugee-Club an, der vor einer muslimischen Invasion in Europa und Deutschland warnte und zum Zeitpunkt der Tat 261 Mitglieder hatte. Die Gruppe gründete sich offenbar als Reaktion auf die Silvesternacht in Köln 2015/16. Die Eigenbeschreibung der Gruppe lautete: »Europa hat den Fehler gemacht, Parasiten, die sich als ›muslimische Flüchtlinge‹ tarnen, reinzulassen. Seit der Ankunft dieser Migranten herrscht in

Europa Chaos, und eine große Mehrheit der Europäer gehört zu den ›Cucks‹, ist also kopfgewaschen und medial manipuliert mit Sympathien für diese Parasiten. Bleibt es bei dieser Masseninvasion, wird das Europa, wie wir es kennen, zerstört. Wie wir es während der Attacken in Paris 2015 sehen mussten, sind diese Einwanderer leicht in der Lage, zu Massenmördern zu werden und ein Massaker auszulösen, dem Hunderte Unschuldige zum Opfer fallen.«

Im Anti-Refugee-Club wurden zahlreiche Äußerungen getätigt, die im realen Leben strafbar wären, etwa die dort grassierende Holocaust-Leugnung und die Verbindung mit der feindlichen Haltung gegenüber Flüchtlingen (»Damals habt ihr Deutschen es auch hinbekommen«). Es gab ein Gruppenmitglied, das sich »Gruppenführer SS« nannte, oder einen Kommentar mit der Überschrift: »Viertes Reich, wann?«

Im Netzwerk spielte außerdem der fünfzehnjährige David F. eine bedeutsame Rolle. Offenbar konnte ein von ihm geplanter Anschlag bei Ludwigsburg nur knapp vereitelt werden. Die Polizei fand in seiner Wohnung u.a. eine taktische Einsatzweste, Fluchtpläne eines Gymnasiums, 350 Schuss Kleinkalibermunition, zahlreiche Messer und Dolche, Maskierungsmittel, Notizen und Zeichnungen mit Amokbezügen. Außerdem konnten im Keller Chemikalien und Gegenstände zur Fertigung von Sprengsätzen und Rohrbomben aufgefunden werden. In Baden-Württemberg flog im Kontext der Ermittlungen zudem ein anderer potenzieller jugendlicher Amokläufer auf, der mit David F. versuchte, Bomben zu bauen.

Ich selbst traf David F. im Mai 2022 in Tallinn in der Nähe des Rathausplatzes. Er sagte mir, er habe dreißig bis vierzig Menschen an seiner Schule ermorden wollen und konkrete Pläne dafür geschmiedet. Die Tat von Sonboly verhinderte jedoch die

Umsetzung. Mittlerweile war David F. in der IT-Branche tätig, nachdem er laut eigener Aussage nach einer psychiatrischen Behandlung das Abitur nachgeholt habe, und gab sich geläutert. Sehr eloquent und mittlerweile 21 Jahre alt, fiel mir nur sein nervöses Augenzucken auf. Und auch der Umstand, dass er sich als »Aussteiger« einen Namen machen wollte. Er beteuerte: »Ich war ein verlorener Junge, der dachte, er hätte nach dem Mobbing in der Schule endlich eine Bedeutung gefunden – bis ich erkannte, dass ich nur ein Werkzeug war.«

David F. hatte Sonboly angeboten, ein mögliches Manifest zu verbreiten (»Ich habe ihm extra noch gesagt, er soll es mir schicken, weil so was sonst zurückgehalten wird«), und übernahm nach der Tat von München sogar mehrere Accounts von Sonboly auf Steam. William Atchison, der viele Accounts hatte und diverse Foren administrierte (so auch den Anti-Refugee-Club), sorgte für Sonbolys Eintrag in eine virtuelle Ahnengalerie von rechten Attentätern. Der Club bestand bis September 2017 weiter, also lange nach dem Fanal von München.

Dass sich auf Steam solch ein Netzwerk verbergen könnte, wurde offenbar von den Ermittlern nicht einmal in Erwägung gezogen. Mit fatalen Folgen: Die Umfeldanalyse bezog sich konservativ auf den realen, nicht progressiv auf den eigentlich entscheidenden virtuellen Raum. Dort wäre man schnell fündig geworden, was rechte Gesinnungsgenossen anbetrifft: William Atchison, der einschlägige nationalsozialistische Tätowierungen auf seinem Körper hatte, an die Überlegenheit der weißen »Rasse« glaubte und sich von Donald Trump begeistert zeigte, beging im Dezember 2017 in New Mexico ein Schulattentat und richtete sich anschließend selbst.

Der Fall Sonboly unterstreicht damit die Bedeutung von Präventionsmaßnahmen, die auf psychische Gesundheit, Anti-

Mobbing-Programme und die Überwachung extremistischer Online-Communitys abzielen. Es muss weiter intensiv die grassierende Computersucht junger Menschen, ihre Kommunikation via Teamspeaker und das Spielen von Killerspielen im Kinderzimmer im schulischen Kontext diskutiert werden. Außerdem müssen Anzeichen von Rassismus oder abfällige Äußerungen gegenüber Menschen mit Migrationshintergrund richtig gedeutet werden – auch wenn sie von Menschen kommen, die selbst einen Migrationshintergrund haben und keine Springerstiefel tragen.

Manipulation durch rechtsextremistische Ideen im Kontext von Teenager-Terrorismus

Faktor	Beschreibung
Ideologie der Überlegenheit	Rechtsextremistische Gruppen propagieren die Vorstellung einer »überlegenen« ethnischen oder kulturellen Gruppe, die sich gegenüber anderen Minderheiten oder der Gesellschaft behaupten soll.
Feindbilder und Sündenböcke	Minderheiten wie Migranten, Juden oder andere Ethnien werden als Bedrohung für die »reine« Kultur und Identität dargestellt, was den Jugendlichen eine vermeintlich einfache Lösung bietet.
Der Mythos der »Verschwörung«	Es wird eine Weltverschwörung konstruiert, in der vermeintlich mächtige Gruppen (wie die »Eliten« oder »Juden«) die Gesellschaft kontrollieren und die »richtige« Bevölkerung unterdrücken.

Faktor	**Beschreibung**
Einfache Antworten auf komplexe Probleme	Rechtsextreme Ideologien bieten einfache Lösungen für komplexe gesellschaftliche Probleme wie etwa Arbeitslosigkeit, Integration oder kulturelle Diversität, indem sie Sündenböcke benennen.
Exklusivität und Zugehörigkeit	Junge Menschen werden in eine vermeintlich exklusive Gemeinschaft aufgenommen, die sich über den Rest der Gesellschaft erhebt und eine Art von Macht und Kontrolle verspricht.
Dynamik der Radikalisierung	Durch ständige Wiederholung der Ideologie in Foren, sozialen Medien und durch Peer-Gruppen wird der Jugendliche Schritt für Schritt weiter in die extremistische Denkweise hineingezogen.

Eigene Darstellung

Teenager-Terroristen, jugendliche Gewalttäter und Clankriminalität

»Crime as a service«, Kriminalität auf Bestellung, so heißt ein Phänomen, das die deutsche Polizei zunehmend beunruhigt. Hintermänner ködern über Messenger-Dienste wie Telegram junge Männer für schwere Gewaltstraftaten. So wie Elam G. Der achtzehnjährige Niederländer soll am frühen Morgen des 18. September 2024 Schaufensterscheiben eingeschlagen und einen Brandsatz gezündet haben. Nach der Tat floh der mutmaßliche Attentäter zum Kölner Hauptbahnhof. Über Düsseldorf gelang ihm die Flucht nach Holland. Aus den Aufnahmen der Überwachungskameras nahe dem Tatort und am Kölner Hauptbahnhof konnten die Ermittler den Tatverdächtigen herausfiltern.[119]

Oder wie der Achtzehnjährige, der am 16. Oktober 2020 in Frankreich den 47-jährigen Geschichtslehrer Samuel Paty vor dessen Schule im Pariser Vorort Conflans-Sainte-Honorine brutal ermordete und enthauptete. Was diesen Fall besonders alarmierend macht, ist die Rolle sozialer Netzwerke und islamistischer Hetze, die zu einer Art »digitalem Lynchmob« gegen Paty führten. Radikale Prediger, extremistische Gruppen und selbst einige Eltern von Schülern hatten in Online-Kampagnen gegen den Lehrer gehetzt und ihn als »Feind des Islam« dargestellt, weil er im Unterricht über Meinungsfreiheit und die Mohammed-Karikaturen aus *Charlie Hebdo* gesprochen hatte. Diese öffentliche Feindmarkierung führte schließlich dazu, dass der Täter – ein junger Islamist, der Paty nicht persönlich kannte – den Mord als »göttliche Strafe« betrachtete.[120]

Der Turn zu Gewalt[121] bei Teenagern ist kein plötzlicher Akt, sondern das Ergebnis eines schleichenden Prozesses, der tief in der Entfremdung und Verzweiflung verwurzelt ist. Der Teenager als Verbrecher – ein Bild, das sich nur schwer mit der Vorstellung von Jugend und Unschuld vereinen lässt. Doch wenn dieser Teenager zur Waffe greift, wenn die sanften Ideen des Aufbegehrens in zerstörerische Taten umschlagen, entsteht eine unheimliche Fratze: der junge Mensch, der nicht nur gegen die Regeln der Gesellschaft verstößt, sondern gegen die Vorstellung von sich selbst als Opfer der Umstände. In diesem Moment wird er zum Täter, und das, was als Rebellion oder Rache begann, verwandelt sich in ein labyrinthartiges Netz aus Konflikten, das weder für ihn selbst noch für die Gesellschaft eine klare Lösung bereithält.

Jugendliche Gewalttäter und Teenager-Terroristen unterscheiden sich in ihren Motivationen, Ideologien und den Formen der Gewalt, die sie ausüben. Während jugendliche Gewalttäter oft aus persönlichen Frustrationen, familiären oder sozialen Problemen heraus handeln, sind ihre Taten häufig impulsiv und weniger ideologisch motiviert. Sie begehen gelegentliche Gewaltakte, die durch Gruppenzugehörigkeit oder individuelle Konflikte bedingt sind. Diese Jugendlichen sind oft in kriminelle Peer-Gruppen eingebunden, ohne ein übergeordnetes politisches oder gesellschaftliches Ziel. Ihre Gewalt ist mehr eine Reaktion auf persönliche Missstände und das Fehlen von Unterstützung in ihrem Umfeld. Das gilt auch für die operative Seite.

Ein Fallbeispiel: Im April 2025 entdeckten Ermittler bei einer Durchsuchung im sächsischen Zeithain, dass ein Sechzehnjähriger im Dachgeschoss seines Elternhauses ein Labor eingerichtet hatte, um tödliches Gift herzustellen. Wie das Landeskriminalamt Sachsen mitteilte, soll der Jugendliche mehrere Ampullen eines Gemisches aus Aconitin und Ricin – einer biologischen Waffe – hergestellt und aufbewahrt haben. Gegen den Sechzehnjährigen wurde wegen des Verstoßes gegen das Kriegswaffengesetz ermittelt.[122]

Im Gegensatz dazu sind Teenager-Terroristen stark von radikalen Ideologien geprägt, die politischer, religiöser oder gesellschaftlicher Natur sein können. Ihre Handlungen sind oft gezielte und organisierte Gewaltakte, die auf eine größere politische oder religiöse Botschaft abzielen. Sie gehören häufig extremistischen Gruppen an, die sie ideologisch prägen und sie zu radikalisierten Taten anregen. Die Gewalt dieser Jugendlichen wird nicht nur durch persönliche Frustration, sondern durch ein tiefes Zugehörigkeitsgefühl zu einer radikalen Gemeinschaft motiviert, die gegen bestimmte Feindbilder kämpft. Ihr Ziel ist es, gesellschaftliche Strukturen zu verändern oder gegen die als Bedrohung wahrgenommenen Kräfte vorzugehen.

Jugendliche in kriminellen Clans und radikale Terrornetzwerke wiederum teilen oft ähnliche Muster der sozialen Isolation, Ablehnung des Staates und Gewaltbereitschaft.[123]

Clans basieren auf familiären Verbindungen, kulturellen Loyalitäten und territorialen Netzwerken, die Jugendlichen eine klare Hierarchie, Schutz und finanzielle Perspektiven bieten. Teenager, die sich orientierungslos oder chancenlos fühlen, können so leicht in diese Strukturen hineingezogen werden. Viele Jugendliche, die in Clankriminalität abrutschen, wachsen in einem sozialen Umfeld auf, in dem Kriminalität als normal oder notwendig angesehen wird. Kinder und Jugendliche erleben von klein auf, dass illegale Aktivitäten wie Drogenhandel, Schutzgelderpressung oder Betrug Teil des familiären Alltags sind. In einigen Stadtteilen mit hoher Clan-Präsenz gibt es eine »Gegenkultur«, in der Polizei und Gesetze keine Autorität besitzen – stattdessen regeln Clans Konflikte unter sich. Kinder werden oft schon im jungen Alter als Läufer für Drogen, Boten für Geld oder Helfer bei Straftaten eingesetzt. Jugendliche sehen Kriminalität nicht als Ausnahme, sondern als legitimen Weg, um Macht und Ansehen zu erlangen.[124]

Wer in einem Clan aufwächst, erlebt früh eine Welt, in der Macht, Loyalität und Feindbilder eine große Rolle spielen – Werte, die auch extremistische Gruppen nutzen, um junge Menschen zu rekrutieren. Während Clankriminalität oft territorial und wirtschaftlich motiviert ist und auf Macht und Wohlstand abzielt, nutzen Extremisten dieselben Gewaltmechanismen, um ihre ideologischen Ziele durchzusetzen.

Wie Clans wurde Terrorismus früher häufig durch hierarchische Organisationen mit klaren Befehlsketten gesteuert.

Heute entsteht er allerdings zunehmend dezentral und individuell – oft in Form radikalisierter Jugendlicher, die sich online selbst zu Tätern entwickeln. Früher erfolgte die Anwerbung junger Menschen für terroristische Gruppen oft über persönliche Netzwerke oder religiöse und politische Organisationen. Heute geschieht das dezentral und anonym im Internet, wo extremistische Inhalte leicht zugänglich sind. Während früher nationale oder religiöse Motive den Terrorismus bestimmten, zeigt sich heute auch hier eine Form der Gewaltbereitschaft, die häufig auf persönlicher Frustration, toxischer Online-Kultur und der Glorifizierung von Gewalt basiert.

Daher gibt es fließende Übergänge: Ein religiöser Extremist kann nach gescheiterten Anschlagsplänen in die organisierte Kriminalität abrutschen. Ein junger Krimineller kann sich zum Dschihadisten wandeln – für einige ist der Schritt von krimineller Gewalt zu politisch motivierter Gewalt nur eine Frage der Zeit. Und es gibt Schnittstellen von Clankriminalität und Terrorismus, wenn nämlich illegale Geschäfte wie Drogen- oder Waffenhandel zur Finanzierung extremistischer Gruppen genutzt werden oder wenn sich Jugendliche aus Clans in Haft oder in Moscheen radikalisieren. Beide Strukturen bieten Jugendlichen jedenfalls eine Alternative zur Mehrheitsgesellschaft, die auf Loyalität und Kontrolle basiert.

Linke Ideologien

Ideologien sind das Fundament des Teenager-Terrorismus, denn sie liefern die Rechtfertigung für Gewalt, formen Feindbilder und geben den Tätern das Gefühl, Teil einer größeren Mission zu sein. Jugendliche, die sich in extremistische Ideologien hineinziehen lassen, suchen oft nach Sinn, Identität und Zugehörigkeit – Bedürfnisse, die radikale Gruppen gezielt ausnutzen. Diese Ideologien können religiös-fundamentalistisch, politisch-extremistisch (rechts oder links) oder verschwörungstheoretisch geprägt sein. Sie haben jedoch eines gemeinsam: Sie reduzieren die Welt auf ein einfaches »Wir gegen sie«-Denken, in dem die eigene Gruppe als »gut« und »unterdrückt« dargestellt wird, während andere als Feinde gelten, gegen die Gewalt gerechtfertigt sei. Durch dieses psychologische Framing verlieren radikalisierte Jugendliche ihre Empathie für andere und sehen Gewalt nicht mehr als unmoralisch, sondern als notwendige Tat im »höheren Auftrag«.

Während im rechtsextremen Terrorismus Jugendliche durch Hassnarrative gegen Minderheiten und die Vorstellung eines »rassistischen Kampfes« indoktriniert werden und islamistischer Terrorismus jungen Rekruten ein Gefühl der Zugehörigkeit, eine »höhere Mission« und die Verherrlichung des Märtyrertums bieten, zieht linksextremer Terrorismus oft Jugendliche an, die sich als Kämpfer gegen soziale Ungerechtigkeit und staatliche Repression sehen. Historisch spielten linksextreme Gruppen wie die Rote Armee Fraktion (RAF) oder die italienischen Roten Brigaden eine Rolle in der Radikalisierung junger Menschen. Heute verbreitet sich linksextreme Gewalt häufig über anarchistische Netzwerke, autonome Gruppen und gewaltsame Protestbewegungen. Jugendliche, die sich radikalisieren, sehen sich oft als Teil eines »revolutionären Kampfes« gegen das bestehende System und nutzen Sabotage, Brandanschläge oder gezielte Angriffe als Mittel.

Obwohl sich die Ideologien unterscheiden, zeigen alle Formen des Extremismus ähnliche Muster: Sie nutzen digitale Plattformen zur Rekrutierung, bauen Feindbilder auf, isolieren

Jugendliche von ihrem sozialen Umfeld und radikalisieren sie schrittweise, bis Gewalt als legitimes Mittel erscheint. Extremistische Gruppen, unabhängig von ihrer ideologischen Ausrichtung, nutzen dabei bestimmte Narrative und Ideologien, um Jugendliche für ihre Zwecke zu gewinnen.[125]

Wenn Verschwörungstheorien eingesetzt werden – wie ganz prominent bei QAnon –, sprechen sie kognitive Verzerrungen an, die besonders bei Jugendlichen wirken, da ihr kritisches Denken noch in der Entwicklung ist.[126] Dabei läuft der folgende Prozess ab: Bestätigungsfehler (Confirmation Bias; man sucht gezielt nach Informationen, die die eigene Meinung bestätigen, und ignoriert widersprechende Beweise), Mustererkennung (Pattern Recognition; Menschen neigen dazu, in zufälligen Ereignissen Muster zu erkennen, auch wenn es keine gibt), Zufallsfehlschluss (Illusory Correlation; Zusammenhänge werden angenommen, wo keine existieren, z.B. dass bestimmte Ereignisse immer mit einer »geheimen Absicht« verbunden sind).[127]

Der »Fall« Greta Thunberg

Greta Thunberg wurde als Teenager weltberühmt. Mit fünfzehn Jahren, 2018, startete sie einen Schulstreik, um ihr Heimatland Schweden dazu zu bringen, mehr für das Klima zu tun und die Klimaziele einzuhalten, auf die sich das Land zusammen mit anderen Staaten 2015 geeinigt hatte. Dazu setzte sie sich jeden Freitag mit einem Schild vor das schwedische Parlament und initiierte so die »Fridays-for-Future«-Bewegung. Ihr kompromissloses Eintreten für den Klimaschutz, ihre klare Sprache und ihr Aufruf zur sofortigen politischen Handlung haben weltweit Millionen von Jugendlichen inspiriert.

Greta Thunberg fordert keine moderaten Reformen, sondern grundlegende systemische Veränderungen, um den Klimawandel zu stoppen. Sie kritisiert nicht nur die Untätigkeit der Politik, sondern auch das Wirtschaftssystem und den Lebensstil der westlichen Gesellschaften. Ihre Botschaft lautet: »Ich will, dass ihr in Panik geratet!« – eine Aufforderung, die bewusst emotionalisiert und drastisch formuliert ist. Thunbergs Aktivismus basiert auf der Überzeugung, dass es keine Zeit mehr für Kompromisse gibt. Diese Haltung wird von einigen als moralischer Absolutismus interpretiert, da sie die Komplexität politischer Entscheidungsprozesse zugunsten von klaren moralischen Positionen vereinfacht. Kritiker, insbesondere aus konservativen und wirtschaftsliberalen Kreisen, werfen Thunberg und der Klimabewegung vor, radikal oder extremistisch zu agieren. Dies bezieht sich weniger auf Gewalt oder Rechtsbrüche (wie bei klassischem Extremismus), sondern vielmehr auf die kompromisslose Haltung und den Druck auf die etablierten Institutionen. Manche bezeichnen die Bewegung als dogmatisch, weil sie wenig Raum für politische Zwischentöne lässt und oft eine Entweder-oder-Logik vertritt: Entweder handelt man sofort und radikal, oder man wird als Teil des Problems gesehen.

Viele sehen den Begriff »Extremismus« in diesem Kontext hingegen als unpassend, da Thunberg für friedlichen Protest steht und demokratische Werte respektiert. Ihre Radikalität zeigt sich im Ausmaß der Dringlichkeit, nicht in der Art der Methoden. Außerdem betonen Befürworter, dass der Klimawandel selbst eine extreme Krise ist, die extreme Maßnahmen erfordert.

Jugendliche neigen historisch dazu, gesellschaftliche Veränderungen mit einer gewissen Radikalität zu fordern. In diesem Fall spielen drei Faktoren eine Rolle: Idealismus (Jugendliche hinterfragen bestehende Strukturen, bevor sie sich mit den Kompromissen des Erwachsenenlebens arrangieren), emotionale Dringlichkeit (Themen wie der Klimawandel betreffen ihre Zukunft direkt, was zu intensiveren Reaktionen führt) und soziale Medien (Plattformen wie X und Instagram verstärken extreme Positionen durch schnelle Verbreitung und emotionale Reichweite).

Am Beispiel von Greta Thunberg zeigt sich, dass der Begriff »Teenager-Extremismus« stark von der Perspektive abhängt. Während manche ihre radikale Rhetorik und ihre kompromisslosen Forderungen als extremistisch betrachten, sehen andere darin den notwendigen Weckruf für eine Welt, die vor einer existenziellen Krise steht. Entscheidend ist, dass Thunbergs Form des Aktivismus friedlich bleibt und demokratische Prozesse nutzt, um Veränderung zu bewirken. Ob dies als »extrem« gilt, ist letztlich eine Frage der politischen Bewertung.

Greta Thunberg hat mehrfach nicht nur zum Klimawandel, sondern auch zu anderen politischen Fragen Stellung bezogen. Sie hat sich öffentlich solidarisch mit der palästinensischen Bevölkerung gezeigt, insbesondere im Zusammenhang mit militärischen Eskalationen im Gazastreifen. Sie betonte dabei vor allem die humanitäre Dimension des Konflikts, wobei der Schutz von Zivilisten im Mittelpunkt ihrer Kritik steht. Ihre Posts und Kommentare konzentrieren sich meist auf das Leiden der palästinensischen Bevölkerung infolge von militärischen Angriffen, was in den sozialen Medien große Resonanz, aber auch Kritik hervorgerufen hat.

Auch Thunbergs Äußerungen zu Palästina wurden von einigen als einseitig kritisiert, da sie sich selten explizit zu den Angriffen der Hamas oder zur Bedrohung der israelischen Bevölkerung äußere. Kritiker, vor allem aus pro-israelischen Kreisen, werfen ihr vor, die Komplexität des Konflikts zu vereinfachen und ein unausgewogenes Bild zu zeichnen. In besonders polarisierten Debatten wurde Thunberg vereinzelt sogar vorgeworfen, durch ihre einseitige Solidarisierung antisemitische Narrative zu befördern, obwohl sie sich nie antisemitisch geäußert hat. Diese Vorwürfe reflektieren eher den allgemeinen politischen Streit um den Umgang mit Israel-Kritik, bei dem zwischen legitimer Kritik und antisemitischer Rhetorik unterschieden werden muss.

Unterstützer hingegen argumentieren, dass Thunbergs Äußerungen im Rahmen eines menschenrechtlichen Engagements zu verstehen seien. Ihr Fokus liege auf der humanitären Situation in Gaza, was nicht automatisch eine Parteinahme gegen Israel bedeute.[128] Thunbergs Haltung kann somit im Kontext der sogenannten Intersektionalität oder des »intersectional activism« verstanden werden. Viele junge Aktivisten sehen globale Krisen – von Klimawandel bis zu Menschenrechtsverletzungen – als miteinander verbunden. Dieses Verständnis führt dazu, dass Klimaaktivisten oft auch bei sozialen und politischen Gerechtigkeitsfragen Position beziehen.

Greta Thunbergs Äußerungen zur Palästina-Frage zeigen, dass ihr Aktivismus über den Klimaschutz hinausgeht und eine breite Solidarität mit unterdrückten Gruppen weltweit anstrebt. Ihre Äußerungen haben jedoch gezeigt, wie schwierig es ist, sich zu politisch hochsensiblen Themen zu äußern, ohne in Kontroversen verwickelt zu werden. Thunberg bewegt sich dabei in einem Spannungsfeld zwischen menschenrechtlicher Solidarität und der Gefahr, komplexe geopolitische Konflikte zu stark zu vereinfachen. Während viele junge Aktivisten auf Demonstrationen oder zivilen Ungehorsam setzen, gibt es Gruppen, die Sabotage, Brandanschläge oder Angriffe auf Infrastrukturen als legitime Mittel sehen, um den Klimakollaps zu verhindern. Diese Entwicklung könnte eine neue Form von Ökoterrorismus hervorbringen, bei der Teenager aus Verzweiflung und ideologischer Überzeugung zu extremen Maßnahmen greifen – angetrieben von der Idee, dass die Rettung des Planeten über allem steht.

Hybrider Extremismus und Nihilismus

In den letzten Jahren sehen wir vermehrt Hybride, die Elemente verschiedener Ideologien kombinieren: Ein Jugendlicher teilt beispielsweise rechtsextreme Memes, identifiziert sich mit Incel-Ideologie und verwendet gleichzeitig anarchistische Symbole. Oder ein radikaler Klimaschützer stützt sich in seiner Rhetorik auf antikapitalistische Theorien, propagiert aber gleichzeitig nihilistische Gewaltfantasien.

Diese ideologische Fragmentierung macht es generell für die Terrorismusforschung schwierig, Täter klar zuzuordnen, da sie oft »ideologische Shoppingtouren« betreiben und sich das zusammenstellen, was zu ihrer persönlichen Wut passt. Jugendliche übernehmen selten eine Ideologie in ihrer »reinen« Form. Sie mischen Elemente, die zu ihren persönlichen Erfahrungen, Emotionen und Frustrationen passen. Denn oft steht der emotionale Faktor (z.B. Wut, Hass, Angst) im Vordergrund, während die Ideologie lediglich der Rechtfertigung dient. So wird die Radikalisierung zum Mosaik: Ideologien sind wie Bausteine, die Jugendliche nach ihren eigenen Bedürfnissen kombinieren. Teenager-Terrorismus ist daher ein vielschichtiges Phänomen, das sich in verschiedenen extremistischen Strömungen manifestieren kann. Präventionsstrategien müssen diese Gemeinsamkeiten erkennen, um effektiv gegen die Radikalisierung von Jugendlichen vorzugehen.

Zu berücksichtigen ist dabei auch die Tatsache, dass Nihilismus, die Überzeugung, dass das Leben bedeutungslos ist und es keine objektiven Werte gibt[129], eine zentrale Rolle in der Radikalisierung Jugendlicher spielt. Viele Teenager, die in den Extremismus abrutschen, befinden sich in einer existenziellen Krise, in der sie keinen Sinn im Leben erkennen und sich von der Gesellschaft entfremdet fühlen. Besonders bei Jugendlichen, die unter Mobbing, sozialer Isolation oder familiären Konflikten leiden, kann Nihilismus zu einer tiefen Resignation führen. Sie fühlen sich perspektivlos und entwickeln das Gefühl, dass nichts mehr zählt – weder Moral noch gesellschaftliche Normen. Diese emotionale Leere kann zur Idealisierung von Gewalt führen, da sie in der Zerstörung die einzige Form der Selbstermächtigung sehen.

Extremistische Gruppen nutzen diesen nihilistischen Zustand gezielt aus, um Jugendliche zu radikalisieren. Sie bieten vermeintliche Antworten auf die Sinnkrise: eine höhere Mission, ein Feindbild und eine Gemeinschaft, die ihnen Bedeutung gibt. Gerade rechtsextreme und dschihadistische Bewegungen inszenieren sich als »letzte Verteidiger« gegen eine angeblich korrupte Welt, in der traditionelle Werte verloren gegangen sind. Zugleich wird Gewalt als eine logische Konsequenz der Sinnlosigkeit dargestellt – entweder als »Rache« an einer ungerechten Gesellschaft oder als Mittel, um sich in der Geschichte zu verewigen. Diese Denkweise zeigt sich in den Manifesten vieler jugendlicher Täter, die eine nihilistische Weltsicht mit der Rechtfertigung von Gewalt verbinden. Ohne Prävention und alternative Lebensperspektiven kann Nihilismus daher zum Katalysator für den Teenager-Terrorismus werden.

In diesem Zusammenhang ist das Experiment von Bedeutung, das in den 1960er-Jahren von dem amerikanischen Psychologen Stanley Milgram durchgeführt wurde.[130] Die Versuchsteilnehmer wurden angewiesen, vermeintliche Elektroschocks an eine

Person zu verabreichen, und obwohl viele von ihnen Zweifel hatten, gehorchte die Mehrheit den Befehlen des »Wissenschaftlers« und setzte die Schocks bis zur maximalen Intensität fort. Das Experiment bewies, dass Menschen unter sozialem Druck dazu neigen, Anweisungen zu befolgen und Autoritäten zu folgen, selbst wenn diese moralisch fragwürdig oder grausam sind und gegen ihre Überzeugungen verstoßen.

Genau dieser Mechanismus spielt auch im Kontext des Teenager-Terrorismus eine entscheidende Rolle. Radikalisierte Jugendliche befinden sich oft in einer ähnlichen psychologischen Dynamik wie die Versuchspersonen im Milgram-Experiment. Anstatt einer direkten Befehlsautorität wie eines Wissenschaftlers treten extremistische Ideologen, Online-Netzwerke oder digitale Gemeinschaften als »Autoritäten« auf, die den Jugendlichen eine verzerrte Weltanschauung vermitteln sowie Feindbilder konstruieren, die ein vermeintlich gerechtfertigtes Handeln legitimieren. Junge Menschen sind besonders anfällig für diese Form der sozialen und ideologischen Kontrolle, weil sie sich in einer Phase befinden, in der sie nach Identität, Zugehörigkeit und Anerkennung suchen und in der sie besonders anfällig für Gruppendruck, Autoritäten und ideologische Manipulation sind. Wenn sie von extremistischen Gruppen oder Influencern dazu ermutigt werden, Gewalt auszuüben, sehen sie sich nicht als Täter, sondern als »Werkzeuge einer höheren Mission« – genau wie die Probanden im Milgram-Experiment, die glaubten, nur Anweisungen auszuführen. Dieser Mechanismus hilft zu erklären, warum jugendliche Terroristen oft ohne sichtbare Skrupel handeln und ihre Taten sogar in Livestreams oder Manifesten inszenieren: Sie fühlen sich nicht als Einzelpersonen verantwortlich, sondern als Teil eines größeren Befehls- oder Ideologiesystems.

Das Experiment zeigte auch, dass Menschen eher Gewalt ausüben, wenn die Verantwortung auf eine Autorität abgeschoben werden kann (»Ich habe nur Befehle befolgt«). Extremistische Gruppen nutzen diesen Mechanismus gezielt, indem sie Jugendlichen vermitteln, dass sie Teil eines größeren Kampfes sind. Anonymität im Internet verstärkt die Verantwortungslosigkeit, da Jugendliche nicht direkt mit den Konsequenzen ihrer Radikalisierung konfrontiert werden. In geschlossenen Chat-Gruppen oder Ideologie-Foren ist es schwer, sich gegen den Mainstream zu stellen.

Milgrams Experiment macht deutlich, dass terroristische Gewalt bei Jugendlichen nicht allein aus individuellen Motiven entsteht, sondern oft durch systematische Einflussnahme, Gruppendruck und die schrittweise Normalisierung von Gewalt. In einer Welt, in der digitale Netzwerke Radikalisierung beschleunigen, ist das Wissen um diese psychologischen Mechanismen entscheidend, um präventive Maßnahmen gegen Teenager-Terrorismus zu entwickeln und Jugendliche davor zu schützen, in extremistische Strukturen hineingezogen zu werden.

Hinzu tritt die intensive Nutzung von Bildschirmen und digitalen Medien, die die Gehirnentwicklung und das Verhalten von Teenagern in einem noch nie da gewesenen Ausmaß beeinflusst. Übermäßiger Bildschirmkonsum, sei es durch soziale Medien, Videospiele oder Streaming-Dienste, kann zu Aufmerksamkeitsstörungen, verminderter Gedächtnisleistung und emotionaler Abflachung führen. Besonders besorgniserregend ist der Einfluss auf das Belohnungssystem des Gehirns, das durch schnelle Dopamin-Kicks – Likes, Nachrichten oder kurze Videos – dauerhaft überreizt wird. Dadurch fällt es Jugendlichen schwerer, sich auf längere, tiefgehende Aufgaben zu konzentrieren oder Geduld zu entwickeln. Wissenschaftliche Studien zeigen zudem, dass exzessiver Bildschirmgebrauch die Schlafqualität drastisch verschlechtert, was wiederum die emotionale Stabilität und die kognitive Leistungsfähigkeit von Jugendlichen negativ beeinflusst.

Neben den neurologischen Folgen hat »Screen Damage« sozialpsychologische Auswirkungen.[131] Der ständige Vergleich mit idealisierten Online-Welten kann Selbstzweifel, Angststörungen und Depressionen verstärken, während Algorithmen gezielt süchtig machende Inhalte fördern. Jugendliche verbringen weniger Zeit mit realen sozialen Interaktionen, was ihre Empathie- und zwischenmenschlichen Fähigkeiten beeinträchtigen kann. Besonders kritisch ist, dass digitale Inhalte nicht nur passiv konsumiert, sondern aktiv zur Identitätsbildung genutzt werden – oft mit verzerrten oder radikalisierten Weltbildern. Die langfristigen Folgen von Screen Damage sind noch nicht vollständig erforscht, aber bereits heute zeigt sich: Ohne bewussten Umgang mit Bildschirmzeit und ohne digitale Medienkompetenz riskieren wir eine Generation, die zwar vernetzter, aber gleichzeitig isolierter, reizüberfluteter und emotional instabiler ist.

Die Figur Kaspar Hauser, das mysteriöse Findelkind des 19. Jahrhunderts, und das Phänomen des modernen Teenager-Terrorismus scheinen auf den ersten Blick wenig gemeinsam zu haben. Doch bei genauerer Betrachtung offenbaren sich erschreckende Parallelen in den Mustern von Isolation, Manipulation und Identitätssuche.[132] Kaspar Hauser wurde in totaler Isolation gehalten, seiner sozialen Entwicklung beraubt und schließlich in eine Welt gestoßen, die ihm fremd und feindlich erschien. Ohne emotionale Bindung, ohne Bildung und ohne klare Identität war er ein Gefangener seiner Vergangenheit, manipulierbar und angreifbar. In vielerlei Hinsicht ähneln moderne radikalisierte Teenager diesem Schicksal. Sie wachsen oft in Umfeldern auf, die von Entfremdung, sozialer Kälte oder Sinnsuche geprägt sind – sei es durch tatsächliche Vernachlässigung oder durch eine virtuelle Isolation in extremistischen Online-Communitys.

Genau wie Kaspar Hauser in eine Welt geworfen wurde, die er nicht verstand, finden sich radikalisierte Jugendliche in einer Gesellschaft wieder, die ihnen keine Perspektiven zu bieten scheint. Extremistische Gruppen erkennen diese Lücke und füllen sie mit vermeintlichen Antworten, mit Zugehörigkeit, mit einer »Mission«. Doch während Kaspar Hauser letztlich Opfer blieb, werden Teenager-Terroristen zu Tätern. Die Manipulation nimmt eine drastische Wendung: Aus einem verlorenen Kind wird eine Waffe gemacht. Die Ideologie ersetzt die persönliche Entwicklung, das »System« wird zum Feind, Gewalt zur scheinbaren Lösung.

Die Parallelen zwischen dem Schicksal Kaspar Hausers und den Mechanismen des Teenager-Terrorismus offenbaren eine zentrale Wahrheit: Isolation, Perspektivlosigkeit und emotionale Verwahrlosung sind der perfekte Nährboden für Radikalisierung. Die Lösung liegt nicht nur in der Sicherheitsüberwachung oder strafrechtlichen Verfolgung, sondern in der Prävention durch Bildung, soziale Integration und vor allem durch ein Bewusstsein für die Mechanismen, die Jugendliche in solche Abgründe treiben. Kaspar Hauser war ein Opfer seiner Zeit – doch die heutigen Teenager müssen es nicht sein.

Parallelen zum Horrorfilm

Der japanische Horror-Thriller *Battle Royale* (2000), basierend auf dem gleichnamigen Roman, ist ein eindrucksvolles Beispiel, wie das Konzept von Teenagern als »Terroristen« in einem fiktionalen, extremen Szenario dargestellt wird. In einer dystopischen Zukunft werden Schüler einer Klasse gezwungen, sich gegenseitig zu töten, bis nur noch einer übrig bleibt. Der Film zeigt, wie der soziale Druck, das Fehlen von Perspektiven und die Entfremdung von der Gesellschaft Teenager zu extremen Handlungen treiben können. In gewisser Weise kann dieser Film als Metapher für den Teenager-Terrorismus verstanden werden, bei dem junge Menschen, die sich ausgegrenzt oder von der Gesellschaft missverstanden fühlen, in einem verzerrten Kampf um Anerkennung und Überleben zu extremen Mitteln greifen.

Teenager-Terrorismus und Horrorfilme haben eine dunkle, fast unheimliche Verbindung, die die tiefsten Ängste und inneren Konflikte der Jugend anspricht. In einem Horrorfilm wird der Zuschauer in eine Welt gezogen, in der das Böse allgegenwärtig und die Unsicherheit unerträglich wird. Doch der wahre Horror kommt nicht von den Monstern, die in den Schatten lauern – er kommt von der Möglichkeit, dass diese Schatten die eigene Seele verschlingen. Genauso fesseln radikale Ideologien junge Menschen, die in ihrer eigenen Verwirrung nach Orientierung suchen. Sie werden von der einfachen, doch erschreckend klaren Vorstellung verführt, dass die Welt nur ein ständiger Kampf zwischen »Gut« und »Böse« ist, dass der Feind sichtbar ist und die Antwort auf alle Ängste nur in der Zerstörung liegen kann. Wie ein Horrorfilm, der den Zuschauer bis zum letzten Moment in Angst versetzt, präsentieren Extremisten ihre unheilvollen, allumfassenden Narrative als letzte Rettung für diejenigen, die das Gefühl haben, in der Dunkelheit der Welt verloren zu sein.

Die Verlockung des Verbotenen – das Eindringen in unerforschte Gebiete, das Überschreiten von moralischen Grenzen – zieht sich wie ein roter Faden durch beide Welten, den radikalen Extremismus und den Horrorfilm. In den düsteren Bildern des Kinos sind es oft die Tabubrüche, die den Plot vorantreiben: Die Helden und Schurken überschreiten die Grenze von allem, was gesellschaftlich akzeptiert wird, und konfrontieren das Unvorstellbare. Für viele Jugendliche, die sich in einer Welt voller widersprüchlicher Werte und sozialer Entfremdung wiederfinden, ist diese Überschreitung der Normen nicht nur fesselnd, sondern berauschend. Der Reiz des Verbotenen wird zu einer Droge, die nicht nur in Filmen, sondern auch in extremistischen Gruppen zu finden ist. Diese Gruppen bieten die flimmernde Illusion, dass wahre Macht nur durch das Zerstören der bestehenden Ordnung erlangt werden kann – dass das Tabu der Gewalt, dass Hass und Verachtung die einzigen Mittel sind, um gegen das System zu kämpfen, das als korrupt und unterdrückend dargestellt wird, und sich in einer unsicheren Welt zu behaupten. Diese gefährliche Verführung ist der Reiz, der Horrorfiguren antreibt und sie dazu bringt, immer weiter zu gehen, immer tiefere Abgründe zu betreten, und der auch die Jugendlichen in die Fänge extremistischer Ideen lockt. Das Zerstören von Normen wird letztlich zu ihrer eigenen Vernichtung.

Doch am finstersten wird es, wenn man begreift, dass die Suche nach Identität und Zugehörigkeit der wahre, tiefste Kern der Verbindung zwischen Teenager-Terrorismus und Horrorfilmen ist. In den besten wie in den schlimmsten Horrorfilmen geht es um Außenseiter, um verlorene Seelen, die nach einem Platz suchen, der sie definiert. Die Figuren sind nie vollständig –

sie sind zerrissen, gefangen zwischen dem, was sie sind, und dem, was sie sein wollen. Genauso geht es den Jugendlichen, die sich in den gefährlichen Strudel des Extremismus begeben. Sie suchen nach einem Sinn, nach einem Zweck, nach einer Identität, die sie definiert, nach einer Gemeinschaft, die ihnen einen klaren Platz in der Welt gibt. Und was könnte verführerischer sein als die dunklen Versprechungen einer radikalen Ideologie, die ihnen nicht nur eine Identität, sondern auch das Gefühl gibt, Teil einer »Mission« zu sein, die größer ist als sie selbst? Solche Ideologien bieten ihnen die Chance, sich in einer Welt, die für sie so komplex und chaotisch erscheint, zu behaupten – ähnlich wie die Charaktere in einem Horrorfilm, die von einem unaufhaltsamen Drang getrieben werden, das Böse zu besiegen, auch wenn sie selbst zu diesem Bösen gehören müssen. So wie der Horrorfilm den Zuschauer in eine endlose Spirale der Angst entführt, kann die Radikalisierung den Jugendlichen immer tiefer in einen Abgrund ziehen, aus dem es kein Zurück mehr gibt.

Der Teenager-Terrorismus und Horrorfilme sind wie zwei Spiegelbilder der gleichen finsteren Realität, die tief in der Seele der Jugend verankert sind. In Horrorfilmen wird der Zuschauer in eine Welt geworfen, in der das Böse keine Grenzen kennt – es schleicht sich aus den Schatten, kriecht in jede Ecke des Unbewussten und entlarvt die tiefsten Ängste. Die Welt, in der sich Jugendliche heute bewegen, scheint ebenso von Unsicherheit und Chaos durchzogen. Die unsichtbaren Geister der Verwirrung und Entfremdung verfolgen sie, ihre eigenen Ängste nehmen die Gestalt von extremen Ideologien an, die ihnen eine klare Antwort auf die Fragen bieten: »Wer bist du, und warum bist du hier?« Genau wie die Figuren in Horrorfilmen, die von unvorstellbaren Mächten gejagt werden, stehen diese Jugendlichen vor einem Labyrinth aus Fragen und Zweifeln, in das sie sich immer weiter verirren – getrieben von der Hoffnung, endlich einen Weg zu finden, der sie vor der Dunkelheit rettet. Doch die Antwort, die sie finden, ist die gleiche wie in einem Horrorfilm: der Wahnsinn der Gewalt, die sich als Erlösung tarnt. Sie treten in eine Welt, die genauso zerstörerisch und chaotisch ist wie die Horrorfilme, die sie konsumieren – ein Kreis aus Gewalt und Hass, der sie immer tiefer in die Dunkelheit zieht, bis sie schließlich zu den Monstern werden, vor denen sie einst geflüchtet sind.

Wie wir gefährdete Jugendliche schützen können

Der Ausstieg aus dem Labyrinth

Jugendliche als Täter von Terroranschlägen – ein Szenario, das lange Zeit als Ausnahme galt, aber längst zur Realität geworden ist. Doch wie kann verhindert werden, dass aus einem frustrierten Jugendlichen ein Terrorist wird?

Der Schutz von Kindern und Jugendlichen vor Gewalt im Kontext des Teenager-Terrorismus erfordert eine frühzeitige Erkennung von Radikalisierungstendenzen, digitale Aufklärung und soziale Prävention. Eltern und Lehrer müssen lernen, Warnsignale wie plötzliche Ideologisierung, Isolation oder Hassrhetorik ernst zu nehmen und aktiv mit Jugendlichen ins Gespräch zu gehen. Besonders in der digitalen Welt müssen Kinder frühzeitig über die Gefahren extremistischer Netzwerke, Hasspropaganda und Rekrutierungsmethoden aufgeklärt werden. Schulen sollten Präventionsprogramme gegen Radikalisierung einführen, um Jugendlichen kritisches Denken beizubringen und ihnen Alternativen zu extremistischen Ideologien aufzuzeigen. Auch

Freizeitangebote, Sport oder kulturelle Projekte können Jugendlichen eine positive Identität und Zugehörigkeit geben, damit sie sie nicht in extremistischen Gruppen suchen müssen.

Es reicht nicht, nur zu trauern, wenn die Katastrophe bereits geschehen ist. Daher ist es entscheidend, frühzeitig Präventionsmaßnahmen, psychologische Unterstützung und Bildungsangebote zu schaffen, um gefährdete Jugendliche zu schützen, bevor sie zu einer Bedrohung für sich selbst und andere werden. Wir müssen ihnen Perspektiven bieten, sie in die Gesellschaft integrieren und ihre Resilienz gegen extremistisches Gedankengut stärken – denn der beste Schutz vor Teenager-Terrorismus ist eine starke, aufgeklärte und zusammenhaltende Gesellschaft. Ohne bessere digitale Überwachung, eine engere Zusammenarbeit zwischen Schulen und Sicherheitsdiensten sowie klare rechtliche Grundlagen werden wir weiterhin Schwierigkeiten haben, jugendlichen Extremismus effektiv zu bekämpfen.

Familiäre Prävention

Wenn Eltern entdecken, dass ihre Kinder in radikale, extremistische Ideologien hineingezogen wurden, reagieren sie oft mit einer Mischung aus Schock, Angst und Verwirrung. Die Vorstellung, dass ihr eigenes Kind sich mit gefährlichen oder gar terroristischen Ideologien identifiziert, ist für Eltern schwer fassbar. In vielen Fällen suchen sie in ihrer Ohnmacht und Hilflosigkeit nach Erklärungen und fragen sich, ob sie als Eltern versagt haben oder ob es spezifische Ursachen gibt, die sie übersehen haben – etwa mangelnde Kommunikation, psychische Probleme oder ein fehlender sozialer Halt.

Eltern neigen dazu, zuerst mit Abwehrhaltung zu reagieren,

und versuchen möglicherweise, ihre Kinder durch direkte Konfrontation zu »korrigieren«, was jedoch nicht immer der richtige Ansatz ist. Diese Konfrontationen können zu einer Vertiefung des Konflikts führen und das Kind in seiner extremistischen Weltanschauung bestätigen. In vielen Fällen erkennen Eltern erst nach und nach, dass sie einfühlsam und geduldig vorgehen müssen, um ihre Kinder aus den Fängen solcher Ideologien zu befreien. Wichtig ist dabei, dass Eltern in dieser Situation nicht nur als Autoritäten, sondern auch als verständnisvolle Ansprechpartner auftreten, die ein offenes Gespräch mit ihren Kindern führen können.

Oft fehlt es Eltern an den nötigen Werkzeugen und dem Wissen, wie sie in solchen extremen Fällen richtig handeln sollen. Sie müssen erkennen, dass die Radikalisierung ein langfristiger Prozess ist und eine emotionale, psychologische sowie gesellschaftliche Dimension hat und ein Symptom für tieferliegende Probleme wie Identitätskrisen, soziale Isolation oder emotionale Verletzlichkeit ist, das viel Geduld und Unterstützung erfordert. Gerade in einer Welt, in der wirtschaftliche Unsicherheit, Klimawandel und politische Krisen junge Menschen stark belasten, suchen immer mehr Jugendliche nach extremistischen »Lösungen«.

Die Bereitschaft, sich selbst mit den Themen auseinanderzusetzen und Unterstützung durch Fachleute, Therapeuten oder Programme zur Deradikalisierung zu suchen, kann ein entscheidender Schritt auf dem Weg zur Prävention oder zum Ausstieg aus radikalisierten Strukturen sein. Der beste Schutz ist daher eine starke, vertrauensvolle Bindung in der Familie.

Ein zentrales Problem ist die digitale Kluft: Während Jugendliche ihr Leben zunehmend online führen, sind viele Eltern kaum mit den Plattformen vertraut, auf denen ihre Kinder radikalisiert werden. Sie wissen nicht, welche Communitys auf Discord existieren, welche TikTok-Trends gefährlich sind oder welche Steam-Foren extremistische Inhalte verbreiten. Dadurch geschieht Radikalisierung oft unbemerkt, selbst wenn sie direkt im Kinderzimmer stattfindet, wobei das Kinderzimmer dabei nicht nur ein physischer Raum ist, sondern symbolisch für die emotionale Isolation steht, die oft der Nährboden für Radikalisierung ist. Elternkontrollen und Jugendschutzfilter können helfen, die digitale Exposition von Jugendlichen gegenüber extremistischen Inhalten einzuschränken.

Zudem unterschätzen viele Eltern, wie sehr ihr Kind nach Identität und Zugehörigkeit sucht – und dass extremistische Gruppen genau diese Sehnsucht ausnutzen. Ein Jugendlicher, der sich unverstanden oder ausgegrenzt fühlt, wird anfälliger für Ideologien, die ihm einen Platz in einer »höheren Mission« anbieten. Eltern, die keine offene Kommunikation mit ihren Kindern pflegen oder Warnsignale übersehen, bemerken oft erst zu spät, dass ihr Sohn oder ihre Tochter längst in einer Parallelwelt aus Hass und Gewalt lebt. Hinzu kommt, dass viele Eltern die frühen Anzeichen von Radikalisierung mit normalem Teenagerverhalten verwechseln. Plötzliche Wutausbrüche, ein Rückzug aus dem sozialen Leben oder eine veränderte Sprache können leicht als pubertäre Phasen abgetan werden – doch in manchen Fällen sind sie die ersten Warnsignale eines gefährlichen Prozesses. Der entscheidende Punkt ist: Radikalisierung passiert nicht über Nacht. Eltern scheitern oft nicht aus Gleichgültigkeit, sondern weil sie nicht wissen, wo und wie sie eingreifen können – bis es zu spät ist.

Sicherheitsbehörden sollten daher enger mit Schulen und Jugendzentren kooperieren, um Gefährdungen frühzeitig zu erkennen. Eltern müssen dabei stärker einbezogen werden, indem sie Informationen über Warnsignale und mögliche Maßnahmen erhalten. Extremismus ist ein gesellschaftliches Problem und kann nicht nur von der Polizei bekämpft werden – Schulen, Eltern und Sozialarbeiter müssen zusammenarbeiten.

Hier sind einige der häufigsten Fehler, die Eltern machen können, und Anregungen, wie man sie vermeiden kann.

Emotionale Distanzierung und fehlende Kommunikation
Eltern gehen oft davon aus, dass ihre Teenager nicht mit ihnen sprechen möchten, oder sie verstehen nicht, wie wichtig es ist, eine offene Kommunikationslinie aufrechtzuerhalten. Wenn Eltern nicht auf die Gefühle und Gedanken ihrer Kinder achten, kann dies dazu führen, dass Jugendliche beginnen, sich extremistischen Ideologien zuzuwenden, da sie diese Unterstützung von anderen Gruppen suchen.

Eltern sollten eine emotionale und unterstützende Umgebung zu Hause schaffen, in der Kinder das Gefühl haben, offen über ihre Gefühle und Sorgen sprechen zu können. Regelmäßige Gespräche mit ihren Kindern und das Zuhören sind wichtig, um eine mögliche Radikalisierung zu verhindern.

Gleichgültigkeit gegenüber den digitalen Aktivitäten der Jugendlichen
Eltern interessieren sich möglicherweise nicht dafür oder sind sich nicht bewusst, was ihre Kinder im Internet tun, besonders in sozialen Medien. Dies kann dazu führen, dass Jugendliche auf radikalisiertes oder extremistisches Material stoßen, das sie durchsuchen oder dem sie folgen. Eltern sollten sich darüber im Klaren sein, welche Websites

ihre Kinder besuchen, welchen Menschen sie in sozialen Medien folgen und welche Inhalte sie konsumieren. Mit Fragen wie »Welche YouTuber schaust du gerne?« oder »Mit wem chattest du online?« können sie – ohne Vorwurf – ihr Interesse bekunden. Sie sollten auch mit ihren Kindern besprechen, wie man Fehlinformationen und radikalisierende Inhalte erkennen kann. Jugendliche verstehen oft nicht, wie radikale Netzwerke online arbeiten. Eltern müssen den Mechanismus von Echokammern und Algorithmen erklären. Dabei ist es wichtig, ein Gleichgewicht zwischen der Privatsphäre der Kinder und deren Sicherheit zu finden.

Ignorieren oder Unterschätzen der Radikalisierung

Wenn Eltern bemerken, dass ihr Kind anfängt, extremistische oder radikale Ideologien zu übernehmen, könnten sie dies unterschätzen oder ignorieren und denken, dass es sich nur um eine vorübergehende Phase handelt oder dass es normal ist, dass Teenager solche Gedanken haben.

Wenn Eltern Anzeichen von Radikalisierung bemerken, wie extremistische Überzeugungen, soziale Isolation, aggressive oder gewalttätige Haltungen, ist es wichtig, diese Zeichen nicht zu ignorieren. Stattdessen sollten sie mit ihrem Kind sprechen und gegebenenfalls professionelle Hilfe suchen, wie Beratung oder Familientherapie.

Isolation und soziale Ausgrenzung

Eltern verstehen möglicherweise nicht, wie stark die Auswirkungen sind, wenn ihre Kinder sich in der Gesellschaft oder in der Schule ausgeschlossen fühlen. Einsamkeit[1], soziale Ausgrenzung und das Fehlen eines Zugehörigkeits-

gefühls können Faktoren sein, die junge Menschen anfälliger für Radikalisierung machen, da sie nach Trost und Zugehörigkeit in extremistischen Gruppen suchen.
Eltern sollten auf das soziale Wohl ihrer Kinder achten und ihnen helfen, gesunde Wege zu finden, um Zugehörigkeit und Unterstützung zu erleben, z.B. durch Sport, Kunst, Hobbys oder freiwillige Arbeit. Starke Beziehungen zu Freunden und Familienmitgliedern können Jugendlichen helfen, extremistische Gruppen zu meiden.

Unkenntnis über ideologische Radikalisierung
Eltern verstehen möglicherweise nicht, dass Jugendliche oft mit extremistischen Ideologien in Kontakt kommen, auch wenn sie diese nicht vollständig übernehmen. Wenn Eltern sich dessen nicht bewusst sind, könnte dies ein Hinweis auf ein tieferliegendes Problem sein.
Eltern sollten wachsam sein, wenn ihre Kinder anfangen, sich extremistischen Ideologien zuzuwenden oder radikale Botschaften zu hören, selbst wenn sie noch nicht aktiv in extremistische Gruppen involviert sind. Aufmerksame Beobachtung und aktiver Dialog helfen dabei, eine tiefere Radikalisierung zu verhindern.

Mangelndes Bewusstsein für den Einfluss von Schule und Freunden
Eltern verstehen möglicherweise nicht vollständig, wie stark der Einfluss von Freunden und der Schule auf die Jugendlichen ist. Wenn das Kind extremistische Ideen von Freunden aufnimmt, ist es oft schwer zu verstehen, wie diese Einflüsse die Weltanschauung des Kindes prägen können.

Eltern sollten sich bewusst sein, mit wem ihre Kinder befreundet sind und wie sie sich in der Schule entwickeln. Es ist wichtig, dass Eltern auch mit anderen Eltern in der Nachbarschaft oder Schule sprechen und aktiv am Leben ihrer Kinder teilnehmen.

Übermäßige Kontrolle oder ungerechte Behandlung
Eltern versuchen möglicherweise, ihre Kinder vollständig zu kontrollieren oder ihnen den Kontakt zu bestimmten Freunden zu verbieten, ohne zu erklären, warum sie dies tun. Das kann bei Kindern zu Widerstand und dem Wunsch führen, heimlich ihren eigenen Weg zu gehen.
Kontrolle muss ausgewogen sein, um Widerstand zu vermeiden. Eltern sollten erklären, warum sie besorgt sind, und ihrem Kind alternative Aktivitäten und Möglichkeiten bieten, um auf gesunde Weise Zugehörigkeit zu finden.

Therapeutische Prävention

Viele Teenager, die in extremistische Kreise abrutschen, leiden unter sozialer Isolation, Perspektivlosigkeit, persönlichen Krisen, emotionalen Verletzungen oder familiären und psychischen Problemen. Eine sozialpädagogische und psychologische Intervention ist entscheidend, um gefährdete Jugendliche aufzufangen, die Ursachen ihrer Probleme zu erkennen und aufzuarbeiten. Frühzeitige Gespräche, Bildungsinitiativen und vertrauliche Anlaufstellen bieten Unterstützung, bevor der Radikalisierungsprozess in Gewalt mündet. Wer bereits tief in extremistische Netzwerke eingetaucht ist, braucht oft intensive Betreuung und eine neue soziale Perspektive – etwa durch Ausbildung, Mentoren- und Coachingprogramme oder betreute Gruppenaktivitäten, die diesen Jugendlichen eine Alternative bieten, bevor Extremismus für sie zur einzigen Identitätsquelle wird. Programme zur Deradikalisierung, Beratungsstellen und spezialisierte Sozialarbeiter können helfen, die Denkweisen, die ihnen in extremistischen Kreisen eingepflanzt wurden, zu hinterfragen und zu überwinden, ihnen Alternativen aufzuzeigen und eine neue Perspektive zu bieten. Besonders wichtig ist es, den Jugendlichen zu vermitteln, dass sie eine Zukunft außerhalb der Gewalt haben, sei es durch Bildung, neue soziale Kontakte oder die Möglichkeit, sich in der Gesellschaft aktiv einzubringen. Nur wenn Jugendliche eine gesunde Identität, kritisches Denken und emotionale Stabilität entwickeln können, haben sie eine Chance, sich extremistischen Ideologien zu entziehen.

Schulen, soziale Einrichtungen und Jugendzentren sollten daher enger mit psychologischen Fachkräften, Sozialarbeitern und Ausstiegsprogrammen zusammenarbeiten, um präventive Programme zur Aufklärung und Früherkennung von radikalisierten Tendenzen zu entwickeln. Ein besonderes Augenmerk sollte dabei auf den sozialen Medien liegen, da sie ein Katalysator für die Verbreitung extremistischer Ideologien sein können. Typische Warnsignale sind sozialer Rückzug, plötzliches Schwarz-Weiß-Denken, Feindbilder und aggressive Ideologieübernahmen.

Auch online finden sich Hilfsangebote zur psychologischen Unterstützung und sozialen Reintegration. Achtsamkeits-Apps und Online-Therapien können Jugendlichen helfen, Stress, Einsamkeit und Krisensituationen zu bewältigen. Digitale Tagebücher oder Reflexionstools unterstützen Jugendliche dabei, ihre Gefühle und Gedanken zu sortieren, bevor sie sich extremistischen Gruppen zuwenden.

Für alle Deradikalisierungsprogramme speziell für junge Menschen gilt, dass sie alle Formen der Radikalisierung adressieren sollten, nicht nur islamistischen oder rechtsextremen Terrorismus, sondern auch neue Formen wie technisch basierten Cyberterrorismus oder öko-extremistische Gewalt. Programme, die auf Rückführung und Reintegration zielen, müssen außerdem auf individueller, psychologischer und sozialer Ebene ansetzen anstatt nur bei Strafe und Isolation. Ein systematisches Versagen in dieser Hinsicht bedeutet nicht nur eine Verschärfung der Radikalisierung, sondern auch den Verlust der Chance, diese Jugendlichen wieder auf einen konstruktiveren Lebensweg zu führen.

Und Prävention und Deradikalisierung müssen altersgerecht gestaltet werden. Die Radikalisierung von Teenagern ist oft emotional, impulsiv und von Identitäts- und Gruppendynamiken geprägt. Bei Erwachsenen ist sie hingegen meist ideologisch gefestigt, das Ergebnis persönlicher Krisen oder langjähriger Frustration. Jugendliche benötigen vor allem soziale Bindung und Perspektiven, Erwachsene dagegen oft ideologische Aufklärung und psychosoziale Unterstützung. Dabei gilt: Es gibt kein einheitliches »Täterprofil«, da Menschen aus unterschiedlichen sozialen, kulturellen und religiösen Hintergründen radikalisiert werden können. Der Prozess verläuft in mehreren Phasen und wird von psychologischen, sozialen, ideologischen und politischen Dynamiken geprägt.

Einige Länder setzen in diesem Zusammenhang auf sogenannte lokale Botschafter, die direkt in gefährdeten Gemeinschaften arbeiten. Diese Botschafter sind oft ehemalige Extremisten, die ihre eigenen Erfahrungen teilen und als Mentoren für Jugendliche fungieren. Ein Beispiel hierfür ist das »Exit-Programm« in Deutschland, das ehemalige Neonazis unterstützt und deren Erfahrungen als wertvolle Präventionsarbeit nutzt. Diese Programme vermitteln den Jugendlichen realistische, menschliche Perspektiven, die aufzeigen, wie radikale Überzeugungen das Leben zerstören können. Sie setzen stark auf persönliche Geschichten und die Möglichkeit zur Rückkehr in die Gesellschaft.

Gesamtgesellschaftliche Prävention

Die Langzeitschäden für die Gesellschaft sind enorm, wenn junge Menschen sich in extremistische Netzwerke verstricken. Radikalisierte Teenager sind nicht nur eine unmittelbare Bedrohung (durch Anschläge), sondern können sich langfristig zu Ideologen, Hasspredigern oder digitalen Rekrutierern entwickeln. Wenn ein junger Mensch früh in extremistisches Denken abrutscht, ist der Weg zurück in die Gesellschaft oft schwierig – insbesondere wenn er durch Straftaten bereits kriminalisiert ist. Das heißt, die Gesellschaft muss erstens Sicherheitskosten tragen: Der Kampf gegen Jugendradikalisierung bindet enorme Ressourcen bei Polizei, Geheimdiensten und Sozialarbeit. Zweitens sind radikalisierte Jugendliche nicht nur eine Bedrohung – sie sind auch verlorene Talente. Jeder radikalisierte Teenager ist ein junger Mensch, der statt einer konstruktiven Zukunft einen destruktiven Weg gewählt hat. Drittens hat Teenager-Terrorismus Nachwirkungen für Generationen: Terroranschläge durch Jugendliche traumatisieren Familien, Communitys und Opfer und hinterlassen tiefe Narben in der Gesellschaft.

Die Antwort auf den Teenager-Terrorismus kann daher auch eine kulturelle und eine soziale sein. Kunst und kreative Ausdrucksformen sind mächtige Werkzeuge, um Jugendliche zu erreichen und ihnen alternative Wege zur Bewältigung von Frustrationen zu zeigen. Eine kreative Kampagne, die durch Kunstprojekte, Musik und grafische Arbeiten den Dialog über Gewaltfreiheit und Toleranz fördert, könnte ein starkes Gegengewicht zur Radikalisierung bilden. Künstlerische Workshops, bei denen Jugendliche ihre Emotionen und Frustrationen durch Kunst ausdrücken können, könnten als präventive Maßnahme gegen extremistische Einflüsse dienen.

Ein zentraler Vorteil von Kunstprojekten ist, dass sie eine nonverbale Form der Kommunikation ermöglichen. Viele Jugendliche, insbesondere diejenigen, die Schwierigkeiten haben, ihre Emotionen in Worte zu fassen, oder sich in einem traditionellen schulischen oder sozialen Umfeld nicht verstanden fühlen, finden in der Kunst einen Zugang, um sich mitzuteilen. Durch Zeichnen, Malen, Musik oder Theater können sie ihre inneren Konflikte und die Unsicherheiten, die sie empfinden, visuell oder auditiv ausdrücken. Wenn Jugendliche sich künstlerisch betätigen, nehmen sie oft eine reflexive Haltung ein und setzen sich mit ihren Gefühlen auseinander. Diese Selbstreflexion hilft ihnen, ihre Frustrationen zu erkennen und alternative Lösungen zu finden, die weniger destruktiv sind.

Ein Beispiel für eine solche präventive Maßnahme könnte ein kreatives Kunstprojekt sein, das in Schulen oder Jugendzentren durchgeführt wird und bei dem Jugendliche die Möglichkeit haben, ihre Perspektiven zu Gewalt, Konflikten und Frieden darzustellen. In einem gemeinsamen kreativen Raum könnten Jugendliche ihre eigenen Erfahrungen teilen und durch die künstlerische Arbeit miteinander ins Gespräch kommen. Zum Beispiel könnten sie ein Wandbild gestalten, das ihre Vorstellung von einer gewaltfreien Gesellschaft oder die Herausforderungen, die sie in ihrem Alltag erleben, widerspiegelt. Ein solches Projekt fördert nicht nur das Bewusstsein für Gewaltfreiheit, sondern auch den Dialog und das Verständnis untereinander.

Musik kann ebenfalls eine Rolle spielen. Jugendliche sind oft besonders empfänglich für Musik, da sie ein starkes emotionales Erlebnis vermittelt und häufig eine Form des Widerstands oder Ausdrucks von Identität ist. Ein Musikprojekt, das sich mit Themen wie Toleranz, Respekt und friedlicher Koexistenz befasst, könnte Jugendlichen helfen, sich mit positiven gesellschaftlichen Werten auseinanderzusetzen. Das gemeinsame Schreiben und Produzieren von Songs zu diesen Themen könnte sowohl die Kreativität fördern als auch das Bewusstsein für gesellschaftliche Probleme schärfen und den Wert von Zusammenarbeit und Respekt stärken.

Ein weiterer wichtiger Punkt ist die Nutzung von grafischen Arbeiten und digitalen Medien, um Gewalt und Extremismus visuell darzustellen und gleichzeitig alternative, friedliche Lösungen zu visualisieren. Graffiti, digitale Kunst und Animationen können wirksame Werkzeuge sein, um sowohl die Anziehungskraft extremistischer Ideologien als auch die Konsequenzen von Gewalt darzustellen. Zugleich können sie als Gegenentwurf zu diesen negativen Einflüssen künstlerische Visionen von Gemeinschaft, Zusammenhalt und Verständigung präsentieren. Eine Kampagne, die zum Beispiel in sozialen Netzwerken solche Kunstwerke verbreitet, könnte die Aufmerksamkeit von Jugendlichen auf sich ziehen, die andernfalls in extremistischen Blasen gefangen sind.

Ein wesentliches Instrument in der Prävention ist zudem die Förderung von kritischem Denken. Jugendliche, die lernen, Informationen aus verschiedenen Quellen zu hinterfragen und zu reflektieren, sind weniger anfällig für die manipulativen Techniken, die extremistische Gruppen nutzen. Bildungsprogramme, die den Fokus auf Medienkompetenz, demokratische Werte und den respektvollen Umgang mit anderen Kulturen legen, sind entscheidend. In vielen Fällen sind es die Jugendlichen, die innerhalb ihrer eigenen Gemeinschaften als »Brückenbauer« auftreten und dabei helfen, Missverständnisse zwischen verschiedenen sozialen und kulturellen Gruppen zu überwinden.

Ein langfristiger globaler Ansatz, um Teenager-Terrorismus zu verhindern, ist die Förderung einer inklusiven Bildung. Bildungseinrichtungen weltweit setzen verstärkt auf Programme, die sich mit interkulturellem Austausch, Toleranz, Demokratie und den Auswirkungen von Extremismus beschäftigen. Schulen und Universitäten spielen eine zentrale Rolle, um Jugendlichen den Wert von Diversität und die Risiken von Radikalisierung zu vermitteln. Ein solcher Bildungsansatz umfasst oft auch Projekte, die soziale Integration fördern und darauf abzielen, Ausgrenzung zu verhindern – ein wesentlicher Faktor, der Jugendliche anfällig für extremistische Ideologien macht.

Ein Fokus kann dabei auch auf Vorbildern und Mentoren liegen. Im digitalen Zeitalter sind Influencer zu modernen Sirenen geworden, die ihre verführerischen Botschaften übers Internet verbreiten, scheinbar einfache Lösungen für komplexen Fragen liefern und in eine verführerische Welt locken, in der Macht und Zugehörigkeit, aber auch Gewalt, Dominanz und Feindbilder als Antworten auf die eigene Unsicherheit und Frustration dargestellt werden. Wenn Jugendliche hingegen starke, positive Vorbilder finden, sei es in der Familie, in der Schule oder in der Gesellschaft, die ihnen den Wert der Gewaltlosigkeit und des respektvollen Dialogs vermitteln, können diese Beispiele einen nachhaltigen Einfluss auf ihre Entwicklung haben. Dies könnte durch Programme geschehen, die die Zusammenarbeit zwischen Jugendlichen und älteren Mentoren fördern. So werden Erfahrungen und Werte weitergegeben, die gegen Extremismus gerichtet sind.

Einen zentralen Beitrag leistet des Weiteren die Wissenschaft mit der Entwicklung evidenzbasierter Präventionsprogramme. Durch groß angelegte Studien und Feldforschung kann die Wissenschaft Modelle zur Frühwarnung und Intervention erarbeiten, die gezielt Jugendlichen helfen, sich aus gefährlichen Strukturen zu befreien, bevor sie tief in radikale Ideologien eintauchen. Sie kann Programme entwickeln, die nicht nur auf die Risikofaktoren der Radikalisierung eingehen, sondern auch resilientere Persönlichkeiten und Gemeinschaften schaffen, die Jugendlichen Alternativen zur Gewalt und zum Extremismus bieten. Hierzu gehören auch die Verbesserung der digitalen Medienkompetenz und die Entwicklung von Ansätzen, um die schädliche Wirkung von Online-Extremismus und sozialen Medien zu minimieren.

Zudem kann die Wissenschaft zur Schaffung eines globalen, datengestützten Netzwerks beitragen, das Regierungen und Organisationen hilft, frühzeitig auf Radikalisierungstendenzen zu reagieren. Sie kann Algorithmen und Analyseinstrumente entwickeln, die extremistisches Verhalten in digitalen Räumen frühzeitig erkennen und präventiv handeln, bevor Jugendliche vollständig in gefährliche Ideologien abgleiten. Indem sie eine umfassende Datenbank von Best Practices, Erfahrungen und erfolgreich angewandten Programmen zusammenstellt, kann die Wissenschaft die Grundlage für politische Entscheidungen und gesellschaftliche Initiativen bieten, die den radikalen Kräften entgegenwirken und die Jugend in eine friedlichere, inklusivere Zukunft führen.

Und auch die Medien sollten ihre Rolle übernehmen. Für

einen verantwortungsvollen Journalismus ist es essenziell, die Glorifizierung von Tätern zu vermeiden. Der Name eines Teenager-Terroristen ist mehr als ein Name. Er kann zu einem Symbol werden – für Glorifizierung oder für Abschreckung. Die Entscheidung, den Namen zu nennen, ist daher keine juristische Formalität, sondern eine ethische Verantwortung. Außerdem sollten keine Bilder veröffentlicht werden, die den Täter heldenhaft erscheinen lassen. Auch sollten terroristische Taten von Jugendlichen stets in einen breiteren gesellschaftlichen, politischen und psychologischen Kontext eingeordnet werden, um eine differenzierte Berichterstattung zu gewährleisten. Besondere Sensibilität ist gegenüber den Betroffenen gefordert, sodass der Fokus auf den Opfern und der Prävention liegt, anstatt eine mediale Faszination für das Böse zu erzeugen.

Staatliche Prävention

Teenager-Terrorismus stellt eine fundamentale Bedrohung für die westliche Gesellschaft dar, weil er direkt an den Grundfesten unserer offenen und demokratischen Ordnung rüttelt. Teenager-Terrorismus ist längst kein lokales Phänomen mehr, sondern eine grenzüberschreitende Bedrohung, die sich durch die Digitalisierung und die zunehmende Vernetzung von extremistischen Bewegungen weltweit verbreitet. Jugendliche radikalisieren sich nicht nur in ihrem unmittelbaren Umfeld, sondern auch durch globale Ideologien, Online-Propaganda und internationale Terrornetzwerke. Dadurch hat dieses Phänomen erhebliche Auswirkungen auf Sicherheit, Gesellschaft, Politik und internationale Zusammenarbeit.

Unsere Gesellschaft basiert auf Freiheit, Meinungsvielfalt

und sozialem Zusammenhalt – doch genau diese Werte machen sie anfällig für extremistische Strömungen, die junge Menschen gezielt gegen sie aufhetzen. Inmitten der globalen Bedrohung durch den Terrorismus steht die westliche Welt an einem verhängnisvollen Scheideweg, gefangen zwischen der unerschütterlichen Verteidigung ihrer Werte und der schmerzlichen Erkenntnis, dass diese Werte selbst zur Schwäche führen könnten. Die Staaten, die sich auf die Fahnen geschrieben haben, die Freiheit, die Privatsphäre und die Rechte des Einzelnen zu schützen, sehen sich nun mit der brutalen Realität konfrontiert, dass diese Ideale in einer Welt des globalen Extremismus und der grenzenlosen Bedrohungen nicht nur gefährdet, sondern gefährlich geworden sind. Die tragische Ironie liegt darin, dass die westlichen Werte, die ursprünglich den Schutz des Einzelnen gewährleisten sollten, nun zu einer Fessel werden, die die Gesellschaften selbst zu ersticken droht. In ihrem Streben nach einer hehren Idee von Freiheit, die den Bürger schützen soll, laufen diese Staaten Gefahr, nicht nur ihre Fähigkeit zur Selbstverteidigung, sondern auch ihren Platz in einer Welt, die immer schneller und bedrohlicher wird, zu verlieren. Während autoritäre Staaten oft mit brutaler Repression gegen Extremismus vorgehen, stehen westliche Demokratien vor einem Dilemma: Wie kann man Radikalisierung bekämpfen, ohne dabei die eigenen Werte – wie Meinungsfreiheit und Datenschutz – zu opfern?

Neben familiärer, therapeutischer und gesamtgesellschaftlicher Prävention muss es daher auch um staatliche Prävention gehen. Der Kinderschutz muss vom Schutz gegen Gewalt oder Ausbeutung ausgedehnt werden auf den Schutz vor ideologischer Indoktrination, denn Radikalisierung ist genauso eine Bedrohung für Kinder wie jede andere Form von Missbrauch. Dieser Schutz muss durch rechtliche Maßnahmen und konsequente Strafverfolgung ergänzt werden, um eine Balance zwischen Prävention und Verantwortung zu wahren.

Ein effektiver Schutz vor bereits radikalisierten Jugendlichen ist notwendig. Zugleich braucht es eine differenzierte Strafverfolgung, die zwischen bewusst geplanten Terrorakten und jugendlicher Manipulation unterscheidet – mit dem Ziel, jugendliche Täter nicht endgültig in extremistische Kreise abzuschieben, sondern durch gezielte Maßnahmen zurück in die Gesellschaft zu führen.

Ein Problem bei der Strafverfolgung ist der rechtliche Umgang mit radikalisierten Jugendlichen. Es fehlt in vielen europäischen Ländern an koordinierten Präventionsstrategien, die speziell auf jugendliche Radikalisierung ausgerichtet sind, und an klaren gesetzlichen Rahmenbedingungen für den Umgang mit Minderjährigen, die sich terroristisch betätigen. Viele junge Täter fallen nicht unter klassische Anti-Terror-Gesetze, und Strafverfolgungsbehörden sind oft zögerlich, drastische Maßnahmen gegen Minderjährige zu ergreifen. Das führt dazu, dass viele Verdachtsfälle nicht konsequent verfolgt werden oder dass Präventionsmaßnahmen erst dann greifen, wenn es bereits zu spät ist. Das Jugendstrafrecht, das auf Resozialisierung abzielt, gilt oft nicht für Terrorismusdelikte. Gerichte stellen sich die Frage: Soll ein fünfzehnjähriger Terrorverdächtiger wie ein Erwachsener bestraft werden? Und Sicherheitsbehörden stehen oft vor der Frage, ob ein radikalisierter Jugendlicher als Täter oder als Opfer betrachtet werden sollte, insbesondere wenn die Radikalisierung in einem sozialen oder psychischen Kontext geschieht. Zudem fehlt es in vielen Ländern an spezialisierten Einheiten, die sich gezielt mit jugendlicher Radikalisierung beschäftigen. Klassische Anti-Terror-Abteilungen sind auf erwachsene Täter und etablierte Terrorgruppen mit erkennbaren Strukturen ausgerichtet und oft nicht ausreichend geschult, um mit jugendlichen Radikalisierungsprozessen umzugehen.

Zusätzlich sind jugendliche Einzeltäter schwer zu identifizieren[2] und schwer zu stoppen, weil sie oft nicht in traditionellen Überwachungs- oder Sicherheitsmechanismen auftauchen. Teenager-Terrorismus bleibt unsichtbar, weil radikalisierte Jugendliche nicht in klassischen Extremistennetzwerken agieren, beim Rechtsextremismus etwa in Kameradschaften und Skinheadgruppierungen, sondern sich im Internet unbemerkt abschotten. Und während klassische Terrorverdächtige durch internationale Geheimdienste oder Polizeiakten auffallen, sind radikalisierte Jugendliche meist erstmals straffällig, wenn sie bereits zur Tat schreiten. Viele radikalisieren sich im Geheimen, ohne dass Familien, Schulen oder Sicherheitsdienste es bemerken. Radikalisierte Jugendliche sind außerdem schwerer zu identifizieren und zu überwachen als erwachsene Extremisten, da sie in ihrem Umfeld oft nicht als Bedrohung wahrgenommen werden. Niemand erwartet, dass ein Vierzehn- oder Sechzehnjähriger zur Gefahr wird – was es für Sicherheitsbehörden schwieriger macht, Warnsignale zu erkennen. Während früher Jahre vergingen, bis jemand zur Tat schritt, können heute wenige Monate ausreichen. Die Hemmschwelle für Gewalt ist bei vielen niedrig, da sie oft durch Online-Propaganda, Terror-Manifeste und die Gamifizierung des Terrors beeinflusst werden. Livestream-Attentate oder die Inszenierung von Anschlägen als »Highscore-Missionen« verstärken die Gefahr, dass Jugendliche nicht aufgrund einer tiefgehenden ideologischen Überzeugung, sondern aus sozialem Druck oder Ruhmsucht handeln. Sicherheitsbehörden müssen daher gezielt gegen Online-Radikalisierung und extremistische Netzwerke vorgehen, um zu verhindern, dass Kinder und Jugendliche in Gewaltkreise geraten. Extremistische

Plattformen müssen stärker reguliert werden, damit sie nicht länger als Rekrutierungsorte für jugendliche Täter dienen.

Sicherheitsbehörden sollten außerdem enger mit sozialen Institutionen kooperieren, um Radikalisierungsprozesse frühzeitig zu erkennen und präventiv einzugreifen, bevor aus ideologischem Hass reale Gewalt wird. Wenn Lehrer, Sozialarbeiter oder Eltern Veränderungen im Verhalten von Jugendlichen – etwa eine zunehmende Isolation, Hassbotschaften oder Gewaltfantasien – bemerken, werden diese Warnsignale nicht immer ernst genommen oder nicht an Sicherheitsbehörden weitergeleitet.

Ein weiterer entscheidender Faktor ist die schnelle Anpassungsfähigkeit extremistischer Gruppen. Während Sicherheitsbehörden auf bürokratische Strukturen und langwierige Ermittlungsprozesse angewiesen sind, agieren Extremisten flexibel, wechseln Plattformen, nutzen verschlüsselte Kommunikation und schaffen immer neue Wege zur Rekrutierung. Jugendliche sind in der digitalen Welt oft viel versierter als Ermittler, was dazu führt, dass sie sich in Online-Radikalisierungsräumen bewegen können, ohne Spuren zu hinterlassen. Je mehr Plattformen es gibt, desto mehr Schlupfwinkel entstehen. Orte, an denen Jugendliche nicht nur spielen, sondern suchen, nach Zugehörigkeit, Bedeutung, Macht: TikTok, Telegram, Reddit, Discord, YouTube, Darknet-Foren, jede Plattform mit ihrer Sprache, ihren eigenen Codes, ihren eigenen Radikalisierungspfaden. Und während Erwachsene noch über Medienerziehung sprechen, entstehen längst Paralleluniversen, in denen Hass verpackt wird wie Humor, Propaganda wie Memes, Ideologie wie Freundschaft.

Ein konsequentes Risikomanagement kann helfen, Teenager-Terrorismus vorhersehbarer und kontrollierbarer zu machen. Es geht darum, nicht nur auf Anschläge oder radikalisierte Jugendliche zu reagieren, sondern durch eine systematische Analyse und gezielte Präventionsstrategien frühzeitig gegenzusteuern. Nur durch ein umfassendes Konzept aus Risikoerkennung, Bedrohungsbewertung und strategischer Prävention kann die Radikalisierung von Jugendlichen nachhaltig verhindert werden. Ein effektives Risikomanagement im Bereich jugendlicher Terrorismus bedeutet nicht nur Gefahrenabwehr, sondern auch die Schaffung alternativer Lebensperspektiven für gefährdete Jugendliche, um sie vor dem Abgleiten in Gewalt und Extremismus zu schützen. Präventionsprogramme können nur dann verbessert werden, wenn klar ist, wo Radikalisierung beginnt, welche Risikofaktoren sie begünstigen und welche Gegenmaßnahmen tatsächlich greifen. Fälle dienen daher als Lehrstücke für zukünftige Strategien – sowohl in der Prävention als auch in der Intervention.

Dabei können verschiedene Methoden aus dem klassischen Risikomanagement, das in Unternehmen, Sicherheitspolitik und Katastrophenschutz angewandt wird, auf die spezifische Bedrohung durch jugendliche Terroristen übertragen werden.

Ein zentraler Schritt im Risikomanagement ist die Identifikation von Gefahrenquellen. Im Kontext des Teenager-Terrorismus bedeutet das, Risikofaktoren für Radikalisierung systematisch zu erfassen. Dazu gehören soziale Isolation, familiäre Probleme, psychische Erkrankungen, ideologische Beeinflussung, Online-Radikalisierung und kriminelle Netzwerke. Eine datenbasierte Analyse solcher Faktoren kann helfen, Muster zu erkennen, bevor Jugendliche in extremistisches Gedankengut abrutschen.

Ein weiterer Aspekt des Risikomanagements ist die Bewertung der Eintrittswahrscheinlichkeit und der potenziellen Schäden. Nicht jeder radikalisierte Jugendliche wird zum Terroristen, aber es gibt klare Indikatoren, die darauf hindeuten, dass eine Eskalation möglich ist. Beispielsweise können extreme Online-Postings, Verherrlichung von Gewalt, Waffenbeschaffung oder der Kontakt zu extremistischen Gruppen als Warnsignale gewertet werden. Durch eine detaillierte Risikoanalyse können Sicherheitsbehörden zwischen harmlosen Provokateuren und echten Gefahrenquellen unterscheiden und gezielt präventiv eingreifen. Risikosteuerung und Prävention sind essenziell, um Teenager-Terrorismus langfristig einzudämmen. Hierzu gehören sowohl repressive Maßnahmen (z.B. Überwachung von Radikalisierungsnetzwerken, rechtliche Konsequenzen für Hetze und Anwerbung) als auch präventive Programme (z.B. Bildungsinitiativen, psychologische Betreuung, digitale Medienkompetenz). Auch die Zusammenarbeit zwischen Sicherheitsbehörden, Sozialarbeit und Bildungseinrichtungen könnte durch Risikomanagement-Methoden verbessert werden, indem Informationen effektiver ausgetauscht werden. Behörden, Schulen und Sozialdienste könnten durch Risikobewertungssysteme auffälliges Verhalten frühzeitig erkennen und betroffene Jugendliche gezielt in Präventionsprogramme einbinden.

In einer Welt, in der die digitale Landschaft genauso real geworden ist wie die Straßen, auf denen wir gehen, sind globale Ansätze zur Bekämpfung von Teenager-Terrorismus mehr denn je gefragt. Da sich die Welt immer mehr polarisiert und der Zugang zu extremistischen Inhalten nur einen Klick entfernt ist, haben Staaten und internationale Organisationen wie die Vereinten Nationen begonnen, eine einheitliche Antwort zu formulieren – eine Antwort, die Prävention, Bildung und, vor allem, menschliche Verbindung betont.

Regierungen und Sicherheitsbehörden weltweit haben den Teenager-Terrorismus als eine wachsende Bedrohung erkannt und warnen vor der gezielten Rekrutierung von Jugendlichen durch extremistische Gruppen. Der deutsche Verfassungsschutz beobachtet mit Sorge, dass sich immer mehr Jugendliche digital radikalisieren, besonders in rechtsextremen, islamistischen und linksextremen Kreisen. Dabei sind auch Hinweise von benachbarten Polizeibehörden aus dem Ausland von zentraler Bedeutung. Denn die hohen rechtlichen Anforderungen, beispielsweise beim Datenschutz, machen Terrorabwehr in Deutschland komplizierter als in anderen Ländern.

Auch das FBI (Federal Bureau of Investigation, das Bundeskriminalamt der Vereinigten Staaten, zuständig für die innere Sicherheit, insbesondere für Terrorismusbekämpfung, Spionageabwehr, Cyberkriminalität und organisierte Kriminalität im Inland) und die CIA (Central Intelligence Agency, der Auslandsgeheimdienst der Vereinigten Staaten, zuständig für die Sammlung, Auswertung und Analyse von Informationen aus dem Ausland, oft verdeckt und operativ) haben mehrfach betont, dass extremistische Organisationen bewusst Minderjährige ansprechen, da diese leichter manipulierbar sind und rechtlich schwerer verfolgt werden können.[3] Besonders in den USA wurden Fälle aufgedeckt, in denen Terrorgruppen Jugendliche über Social Media und Gaming-Plattformen rekrutierten. Europol und Interpol sehen eine direkte Verbindung zwischen der wachsenden Anzahl jugendlicher Täter und der Online-Radikalisierung, die oft unbemerkt durch Algorithmen und verschlüsselte Kommunikationskanäle geschieht.

Die globale Bedrohung zeigt, dass Teenager-Terrorismus kein isoliertes Phänomen ist, sondern eine systematische Strategie extremistischer Gruppen, um eine neue Generation von Kämpfern und Attentätern zu formen, und ein globales Problem, das sich durch Digitalisierung, gesellschaftliche Spaltung und internationale Netzwerke weiter verschärft.

Die Zukunft wird davon abhängen, wie gut Staaten, Gesellschaften und Sicherheitsdienste zusammenarbeiten, um Radikalisierung zu verhindern und gefährdete Jugendliche wieder in die Gesellschaft zu integrieren. Der Teenager-Terrorismus spiegelt die Dynamiken der neuen Weltunordnung wider: zersplitterte Gesellschaften, ein Kontrollverlust der Staaten, unregulierte digitale Radikalisierung und eine zunehmende Sinnsuche junger Menschen in einer chaotischen Welt. Wenn es nicht gelingt, frühzeitig Präventionsmaßnahmen zu ergreifen, Jugendliche vor digitaler Manipulation zu schützen und gesellschaftlichen Zusammenhalt zu stärken, wird der Teenager-Terrorismus weiter zunehmen – und zu einer der größten sicherheitspolitischen Herausforderungen der Zukunft werden. Die Welt von morgen wird davon geprägt sein, ob wir heute die richtigen Präventionsmaßnahmen und globalen Strategien entwickeln.

Teenager-Terrorismus könnte die Zukunft entscheidend prägen, indem er Sicherheitskonzepte verändert, Gesellschaften spaltet und demokratische Werte untergräbt. Zugleich bietet diese Entwicklung eine Chance: Wenn wir die Ursachen frühzeitig bekämpfen, kann eine resiliente Gesellschaft entstehen, die jungen Menschen sinnvolle Perspektiven bietet und extremistischen Narrativen entgegentritt. Die Frage ist nicht, ob Teenager-Terrorismus unsere Zukunft beeinflussen wird, sondern wie wir darauf reagieren. Dafür gibt es unterschiedliche politische und theoretische Ansätze.

Die konservative und die liberal-progressive Theorie zur Bekämpfung des Teenager-Terrorismus unterscheiden sich in ihren Herangehensweisen an Prävention, Bestrafung und gesellschaftliche Maßnahmen, verfolgen jedoch beide das Ziel, Radikalisierung zu verhindern und die Sicherheit zu gewährleisten. Beide Ansätze haben Stärken und Schwächen, und eine effektive Strategie könnte eine Kombination beider Perspektiven erfordern.

Aus konservativer Sicht liegt der Schlüssel zur Bekämpfung des Teenager-Terrorismus in einer strikten Strafverfolgung, Überwachung und Abschreckung. Jugendliche, die sich radikalisieren oder terroristische Akte planen, sollten frühzeitig identifiziert und hart bestraft werden, um Nachahmungseffekte zu verhindern. Überwachungsmaßnahmen, insbesondere im digitalen Raum, werden als essenziell betrachtet, um Online-Radikalisierung frühzeitig zu erkennen. Zudem setzen konservative Modelle auf die Stärkung traditioneller Werte wie Familie, Patriotismus und kulturelle Identität, um Jugendlichen Orientierung zu geben und sie gegen extremistische Einflüsse zu immunisieren. Kritiker dieses Ansatzes warnen jedoch vor einer möglichen Einschränkung von Bürgerrechten und einer zu starken Fokussierung auf Repression statt auf Ursachenbekämpfung.

Die liberal-progressive Theorie hingegen betrachtet Teenager-Terrorismus primär als sozialpsychologisches Problem, das durch frühzeitige Interventionen und bessere gesellschaftliche Integration gelöst werden kann. Statt nur auf Strafen zu setzen, werden Bildungsprogramme, psychologische Betreuung und Deradikalisierungsstrategien vorgeschlagen, um gefährdete Jugendliche zu erreichen, bevor sie sich radikalisieren. Dabei wird großer Wert auf soziale Gerechtigkeit, Chancengleichheit und die Bekämpfung struktureller Diskriminierung gelegt, um den Nährboden für Extremismus zu verringern. Ein zentrales Element ist die digitale Medienkompetenz: Jugendliche sollen früh lernen, Propaganda und extremistische Inhalte zu erkennen und kritisch zu hinterfragen.

Während konservative Strategien oft kritisieren, dass zu weiche Maßnahmen Radikalisierung nicht effektiv stoppen, argumentieren liberal-progressive Ansätze, dass eine zu harte Strafverfolgung Jugendliche nur weiter in extremistische Kreise treiben könnte. Ein repressives Vorgehen könnte als Bestätigung für das Narrativ der Extremisten dienen, dass der Staat »gegen sie« sei. Stattdessen setzen liberale Theoretiker auf Dialog, Wiedereingliederung und den Aufbau von Vertrauen zwischen gefährdeten Jugendlichen und der Gesellschaft. Besonders bei jungen Tätern wird die Möglichkeit zur Rehabilitation betont, anstatt sie dauerhaft zu kriminalisieren.

Ein effektiver Ansatz zur Bekämpfung des Teenager-Terrorismus könnte Elemente beider Theorien kombinieren. Während Überwachung, gezielte Strafverfolgung und konsequente Maßnahmen gegen Extremisten notwendig sind, um akute Bedrohungen einzudämmen, dürfen langfristige Prävention und soziale Integration nicht vernachlässigt werden. Jugendliche müssen frühzeitig über die Gefahren von Radikalisierung aufgeklärt, psychologisch unterstützt und durch Bildung und gesellschaftliche Teilhabe vor extremistischen Einflüssen geschützt werden. Die Herausforderung besteht darin, Sicherheit und Freiheit in Balance zu halten, sodass sowohl unmittelbare Bedrohungen als auch die langfristigen Ursachen des Teenager-Terrorismus bekämpft werden.

Digitale Prävention

Der Teenager-Terrorismus ist ein Produkt unserer digitalen Welt – einer Welt, die Jugendlichen einerseits Zugang zu grenzenlosem Wissen gibt, sie aber andererseits neuen Formen der

Manipulation, Isolation und Radikalisierung aussetzt. Ein effizienter Kinderschutz im Kontext des neuen Teenager-Terrorismus muss sich also an die veränderten Radikalisierungswege anpassen, die vor allem digital und dezentral ablaufen.

Jugendliche geraten oft durch soziale Medien, Online-Foren und Gaming-Plattformen in extremistische Netzwerke, wo Hassbotschaften, Gewaltverherrlichung und ideologische Manipulation gezielt auf sie zugeschnitten werden. Während früher physische Treffpunkte oder Organisationen überwacht werden konnten, bewegen sich radikalisierte Jugendliche heute in verschlüsselten Chatgruppen, Foren oder im Darknet, wo sie unbemerkt Anleitungen für Anschläge, Waffenbeschaffung oder Ideologietexte erhalten. Viele Gruppen sind zudem international vernetzt, sodass Jugendliche nicht nur in ihrer eigenen Gesellschaft beeinflusst werden, sondern auch von globalen extremistischen Bewegungen.

Um dies zu verhindern, müssen Sicherheitsmaßnahmen, Überwachung und Kontrolle von Online-Communitys angepasst und digitale Frühwarnsysteme etabliert werden, die gefährliche Inhalte schneller identifizieren und entfernen.

Gleichzeitig brauchen Schulen und Eltern eine bessere Aufklärung sowie stärkere Bildungs-, Präventions- und Medienkompetenz-Programme, damit Jugendliche früh lernen, extremistisches Gedankengut zu hinterfragen und zwischen Realität und digitaler Ideologie zu unterscheiden.

Desgleichen müssen digitale Plattformen wie YouTube, TikTok oder Telegram stärker reguliert und private Gruppen, verschlüsselte Chats oder Foren mit extremistischen Inhalten gezielt überwacht und notfalls gesperrt werden. Plattformbetreiber sollten verpflichtet werden, radikale Inhalte mit KI-gestützten Systemen zu identifizieren. Ähnlich wie bei Fake-News-Warnungen sollten extremistische Inhalte mit Sicherheitsvermerken oder Gegendarstellungen versehen werden, um Jugendliche vor Propaganda zu schützen. Außerdem sollten diese Inhalte schneller gelöscht und ihre Verbreitung verhindert werden, damit Jugendliche gar nicht erst in diese Ideologieblasen geraten. Und die Plattformbetreiber sollten sie automatisch an Sicherheitsbehörden melden, insbesondere wenn sie Gewaltaufrufe oder Anschlagsdrohungen enthalten.

Zudem sollten aktiv Gegennarrative gefördert werden, die aufklären und kritisches Denken stärken, um Jugendliche aus extremistischen Echokammern herauszuholen. In Zusammenarbeit mit Schulen sollten Plattformen Bildungskampagnen finanzieren, die jungen Menschen beibringen, extremistische Manipulation zu erkennen.

Das besonders bei Kindern und Jugendlichen beliebte Online-Netzwerk TikTok beispielsweise ist in vielen Ländern hoch umstritten. Die albanische Regierung hat im Dezember 2024 beschlossen, den Zugang zu TikTok für mindestens ein Jahr zu sperren. Hintergrund war eine tödliche Messerstecherei, zu der sich Jugendliche auf der Social-Media-Plattform verabredet hatten. Das australische Parlament hat Ende November 2024 sogar ein Social-Media-Verbot für unter Sechzehnjährige beschlossen. Australiens Premier Anthony Albanese erklärte, er wünsche sich, dass Australiens Jugendliche von ihren Handy-Bildschirmen wegkommen und stattdessen lieber Sport machen.[4]

Angesichts der wachsenden Bedeutung des Internets und sozialer Medien für die Radikalisierung von Jugendlichen haben verschiedene internationale Organisationen, darunter Interpol und die EU, digitale Programme entwickelt, die auf die Bekämpfung von Online-Extremismus abzielen. Diese Programme beinhalten unter anderem die Schaffung von Online-

Ressourcen, die aufklären und alternative Narrative bieten, um Jugendlichen eine gesunde Identitätsbildung und den Zugang zu positiveren Online-Inhalten zu ermöglichen. Auch Partnerschaften zwischen großen Tech-Unternehmen und Regierungen weltweit spielen eine Rolle, wenn es darum geht, extremistische Inhalte zu erkennen, zu blockieren und im besten Fall präventive Inhalte zu verbreiten, die gegen Radikalisierung wirken.

Die Journalisten Stefan Kaltenbrunner und Clemens Neuhold, die in ihren Recherchen TikTok-Islamisten und ihren Einfluss auf die Jugend behandeln, stellen die Frage, warum es kaum Gegenrede, kaum »Gegenpropaganda« gebe, wo doch immer mehr Jugendliche auf die Propaganda der TikTok-Prediger hereinfallen. Sie ziehen das Fazit, dass Gegenpropaganda von staatlicher Seite durch Aufklärungsvideos oder bezahlte Influencer bisher weitgehend erfolglos geblieben sei: »Sie scheiterte an der mangelnden Authentizität. Einem Aufklärungsvideo des Bayerischen Innenministeriums über die Gefahr des Salafismus (Frau mit Kopftuch verschwindet im Rachen eines Islamisten-Predigers) wurde unterstellt, Stereotype und ›rassistische Klischees‹ zu verbreiten. Das Video wurde aus dem Netz genommen.« Stattdessen sollten authentische Personen aus den Communitys auf der Gefühlsebene auf die Jugendlichen Einfluss nehmen, »Fußballspieler, Künstler, erfolgreiche Manager, Lifestyle-Influencer, Kampfsportler, Polizisten und andere Vorbilder, die kraft ihrer Ausstrahlung und ihrer nichtradikalen Lebensweise ein natürliches Gegenmodell zur Welt der Salafisten verkörpern«.[5]

Die Rolle der neuen digitalen Welten

In fünf bis zehn Jahren könnte sich die digitale Landschaft, die heute Plattformen wie TikTok, Instagram, Steam und Facebook umfasst, drastisch verändern, was die Art und Weise betrifft, wie Radikalisierung unter Teenagern stattfindet. Die Frage, welche Plattformen in Zukunft noch bestehen oder dominieren werden, lässt sich durch einige Schlüsselfaktoren beantworten: technologische Entwicklung, Veränderungen in der Nutzung durch Jugendliche, politische und gesellschaftliche Reaktionen sowie die Entstehung neuer Formen der sozialen Interaktion.

Neue dezentralisierte soziale Netzwerke

Es ist wahrscheinlich, dass in den kommenden Jahren neue Plattformen entstehen werden, die weniger zentralisiert sind als die heutigen großen sozialen Netzwerke. Diese Plattformen, auf denen Nutzer mehr Kontrolle über ihre Daten und Inhalte haben, könnten von extremistischen Gruppen als neue Möglichkeiten zur Verbreitung ihrer Ideologien genutzt werden. Während diese Plattformen in den ersten Jahren als Räume für die Verbreitung von Freiheit und Unabhängigkeit gefeiert werden, könnten sie auch zu einem Nährboden für radikale Inhalte und extremistisches Verhalten werden, wenn sie nicht ausreichend reguliert sind. Plattformen, die auf Blockchains oder dezentralisierten Technologien basieren, könnten die Kontrolle über den Austausch und die Verbreitung von radikalisierten Ideen noch schwieriger machen.

Anonymisierte Kommunikationsplattformen

Plattformen, die auf Anonymität basieren, wie etwa bestimmte Chat-Foren oder Messaging-Dienste, könnten ebenfalls einen Anstieg an radikalen Inhalten erfahren. In einer Zukunft, in der der Wunsch nach Privatsphäre und Selbstbestimmung wächst, könnten diese anonymen

Kanäle zu sicheren Räumen für extremistische Gruppen werden, um ihre Botschaften zu verbreiten, fernab von öffentlichen Aufsichtsbehörden. Die fortschreitende Anonymisierung des Internets könnte es Radikalisierungsnetzwerken ermöglichen, sich zu formieren und ohne größere Hemmungen zu agieren.

Neue soziale Medienplattformen

Es ist auch zu erwarten, dass neue soziale Plattformen entstehen werden, die heute noch unbekannt sind. Plattformen, die sich speziell an Teenager und junge Erwachsene richten und in denen Interaktivität, Personalisierung und die Möglichkeit zur direkten Teilnahme an gesellschaftlichen Diskussionen im Vordergrund stehen, könnten von radikalen Gruppen als Rekrutierungsinstrumente genutzt werden. Während die Nutzung bestehender Plattformen wie TikTok und Instagram aufgrund von Regulierung und gesellschaftlichem Druck möglicherweise zurückgeht, könnten neuere, noch nicht etablierte Plattformen zunehmend in den Fokus geraten.

Virtuelle Welten und Metaverse

Mit der Weiterentwicklung von Virtual Reality (VR) und dem Metaverse könnten neue Wege der Radikalisierung entstehen. Plattformen wie Facebook (Meta) arbeiten bereits daran, in einer Kombination von virtueller, erweiterter und physischer Realität Umgebungen zu schaffen, in denen Nutzer in digitale Welten eintauchen können. Diese immersiven Welten bieten nicht nur die Möglichkeit zur Unterhaltung, sondern könnten als die nächsten »Hotspots« für die Radikalisierung von Teenagern auch eine neue Dimension für die Verbreitung extremistischer Ideologien darstellen. In solchen Welten können sich radikale Gruppen in virtuellen Räumen organisieren, an denen Jugendliche teilnehmen, ohne dass die Plattformen oder die reale Welt unmittelbare Aufsicht haben. Dies könnte die Schaffung von virtuellen Terrorcamps oder Propaganda-Welten ermöglichen, die es radikalen Gruppen erleichtern, Jugendliche direkter, emotionaler und interaktiver zu radikalisieren und Attentate zu planen. Der Reiz der Anonymität und der fehlenden physischen Grenzen könnte extremistische Inhalte weiter verstärken und Radikalisierungsprozesse beschleunigen.

Künstliche Intelligenz

Plattformen, die stärker auf Künstlicher Intelligenz (KI) basieren, könnten in den kommenden Jahren ebenfalls eine bedeutende Rolle spielen. Schon heute werden auf sozialen Medien und in Foren Inhalte durch Algorithmen empfohlen, die das Verhalten und die Interessen der Nutzer analysieren. In der Zukunft könnte dies zu noch stärker personalisierten digitalen Erlebnissen führen, in denen Teenager immer mehr in Informationsblasen eingesperrt werden, die sie mit radikalisierten, ideologisierten Inhalten versorgen. Algorithmen könnten noch stärker dazu verwendet werden, potenziell verwundbare Jugendliche gezielt mit Inhalten zu versorgen, die ihre Frustrationen, Ängste und Entfremdungen ansprechen, wodurch die Radikalisierung weiter verstärkt wird.

KI ist eine wirksame Waffe in den Händen von Extremisten, vor allem die Deepfake-Technologie. Ein Deepfake, zusammengesetzt aus »Deep Learning« (eine Form des maschinellen Lernens) und »Fake (Fälschung), ist eine mit Künstlicher Intelligenz erzeugte, realistisch wirkende Manipulation von Videos, Bildern oder Audiodateien, bei der Gesichter, Stimmen oder Bewegungen so verändert werden, dass sie täuschend echt erscheinen.

Diese Technologie birgt eine doppelte Gefahr: Einerseits können Terrorgruppen und extremistische Netzwerke Deepfakes nutzen, um Jugendliche gezielt zu radikalisieren, indem sie gefälschte Reden, Fake-Nachrichten oder Videos produzieren, die Hass schüren oder Gewalt glorifizieren. Ein besonders gefährliches Szenario ist die psychologische Manipulation durch gefälschte Anschlagsvideos oder Märtyrer-Propaganda. Deepfakes werden genutzt, um vermeintliche »Heldentaten« zu inszenieren, Anführer künstlich weiterleben zu lassen oder Jugendliche durch fingierte Aufrufe zur Gewalt zu bewegen. Junge Menschen, die ohnehin in einer digitalen Welt aufwachsen, in der Fiktion und Realität zunehmend verschwimmen, könnten durch Deepfakes noch leichter in eine Parallelrealität der Radikalisierung geraten. Andererseits können Teenager selbst Deepfake-Technologie für digitale Terrorakte oder die Verbreitung extremistischer Ideologien nutzen, indem sie etwa Videos berühmter Persönlichkeiten fälschen, um falsche Botschaften zu verbreiten oder Feinde zu diskreditieren.

Dies macht die Bekämpfung von Deepfake-gestützter Terrorpropaganda zu einer neuen Herausforderung für Sicherheitsbehörden, Technologieunternehmen und Bildungsinstitutionen. Wenn Deepfakes nicht konsequent erkannt und entlarvt werden, könnten sie zum gefährlichsten Werkzeug digitaler Radikalisierung werden – und Teenager-Terrorismus auf ein völlig neues Level heben.

Künstliche Intelligenz (KI) ist aber auch in der Bekämpfung von Teenager-Terrorismus unverzichtbar geworden, sei es zur Früherkennung oder durch die Bereitstellung von unterstützenden Ressourcen für Jugendliche, die sich in einer Identitätskrise befinden.[6] Sie kann riesige Datenmengen analysieren, Chatverläufe durchleuchten, Verhaltensmuster analysieren und vor Radikalisierung in Echtzeit warnen. Richtig eingesetzt, kann KI als präventives Werkzeug dienen, indem sie Muster extremistischer Radikalisierung erkennt, bevor der Mensch sie versteht. Predictive Analytics aus dem Bereich des Data-Minings, bei dem aus Daten über vergangene Ereignisse ein mathematisches Modell erstellt wird, das Trends herausliest, könnte Behörden helfen, gefährdete Personen frühzeitig zu identifizieren.

Doch so präzise ihre Algorithmen auch sein mögen: KI kann Absichten nur schwer einschätzen. Menschen handeln oft irrational oder aus plötzlichen Impulsen heraus – etwas, das Algorithmen nicht immer vorhersehen können.[7] Algorithmen werten Sprache, Netzwerke, Verhalten aus – »digitale Fußspuren« in sozialen Medien, Chats oder Games. So entsteht ein Risikoprofil. Doch auch hier gilt: Nicht jeder wütende Jugendliche ist ein Terrorist – und nicht jeder Terrorist kündigt sich im Netz an. Und Algorithmen erkennen Auffälligkeiten, keine Einsamkeit. Sie können melden, markieren, sortieren – aber nicht zuhören. Vielleicht hilft KI, Symptome früher zu erfassen. Aber heilen können nur wir – mit menschlicher Nähe, echter Anteilnahme und dem Mut, nicht alles Maschinen zu überlassen, was uns selbst betrifft.

Die Herausforderung für Gesellschaft, Behörden und Tech-Unternehmen besteht außerdem darin, extremistische Inhalte effektiv zu bekämpfen, ohne dabei die digitale Freiheit und Privatsphäre zu gefährden. Der Schlüssel liegt in der Balance: Prävention durch Bildung und technische Maßnahmen müssen Hand in Hand gehen, um Jugendliche zu schützen und sie gleichzeitig zu kompetenten und kritischen Online-Nutzern auszubilden. Es liegt an uns, sicherzustellen, dass wir die Vorteile der KI nutzen, um Jugendliche zu stärken und vor den Gefahren extremistischer Einflüsse zu schützen, und die Nachteile zu vermeiden.

Ein Appell

Der Begriff »Schreckensmänner« im historischen oder mythologischen Sinne beschreibt oft Angstfiguren, Gewaltakteure oder Dämonen, die Unheil bringen und in den Köpfen der Menschen eine kollektive Furcht erzeugen. Diese Figuren finden sich nicht nur in der Folklore, sondern auch in der modernen Gesellschaft, wo sie als Symbol für brutale, unberechenbare Gewaltakteure dienen. Der deutsche Schriftsteller Hans Magnus Enzensberger hat Schreckensmänner, die archetypischen Verkörperungen von Angst, Gewalt und Unterdrückung, 2006 in einem Essay als radikale Verlierer beschrieben: »[...] vielleicht ist er ein sechzigjähriger Familienvater, oder er ist erst fünfzehn und leidet an seinen Pickeln, Herr über Leben und Tod. [...] Die Ursachenforschung verläuft im Sand. Politiker äußern ihre Betroffenheit. Man kommt zu der Überzeugung, dass es sich um einen Einzelfall handelt. Das ist richtig; denn es handelt es sich bei all diesen Tätern um isolierte Personen, die keinen Zugang zu einem Kollektiv gefunden haben. Es ist falsch; denn offenbar gibt es immer mehr solcher Einzelfälle. Dass sie sich häufen, lässt den Schluss zu, dass es immer mehr radikale Verlierer gibt.«[1]

Lange Zeit waren Schreckensmänner erwachsene Figuren in der Geschichte des Terrors, seien es Diktatoren, Kriegsherren oder radikale Ideologen. Doch fest steht: Aus den Schreckensmännern von gestern werden die Schreckensteenager von heute. Denn im Kontext des Teenager-Terrorismus kann der Begriff auf jugendliche Täter angewandt werden, die durch extreme Radikalisierung zu gewaltsamen »Schreckensfiguren« werden – oft mit dem Ziel, Angst und Chaos zu verbreiten. Diese jungen Täter treten, sei es durch Einzeltaten oder terroristische Netzwerke, oft als kaltblütige Akteure der Angst auf, die von Ideologien oder persönlichen Frustrationen angetrieben werden.

Besonders problematisch ist, dass Teenager-Terroristen nicht selten selbst Opfer sind, bevor sie zu Schreckensmännern werden. Viele radikalisierte Jugendliche haben eine Vergangenheit, geprägt von Mobbing, sozialer Ausgrenzung oder psychischer Instabilität. Extremistische Gruppen oder digitale Netzwerke nutzen diese Verletzlichkeit aus und verwandeln sie in einen gewaltbereiten Hass gegen die Gesellschaft. Ein Schreckensmann entsteht also nicht aus dem Nichts – er wird geformt durch soziale Isolation, toxische Ideologien und digitale Manipulation. In diesem Sinne sind Teenager-Terroristen nicht nur Täter, sondern auch Teil unserer modernen Gesellschaft – geschaffen durch strukturelles Versagen, Radikalisierung und den Zerfall sozialer Bindungen. Ein effektiver Kampf gegen Teenager-Terrorismus bedeutet daher, die Entstehung solcher Schreckensmänner zu verhindern, indem man gefährdete Jugendliche frühzeitig auffängt, bevor sie sich in Gewalt und Terror verlieren.

Viele Jugendliche sind heute politisch interessierter als frühere Generationen. Themen wie Klimawandel (Fridays for Future), soziale Gerechtigkeit (Black Lives Matter) oder Gender- und Identitätsfragen mobilisieren junge Menschen weltweit. Nach

Anschlägen zeigen gerade Jugendliche oft große Solidarität mit den Opfern: In sozialen Medien verbreiten sie Hashtags wie #PrayForParis oder #JeSuisCharlie. Für einige Jugendliche ist die gesellschaftliche Spaltung ein Ansporn, sich zu engagieren, um eine »bessere Welt« zu schaffen. Andere fühlen sich von der Härte der Debatten überwältigt oder frustriert, weil sie den Eindruck haben, dass konstruktiver Dialog kaum noch möglich ist.

In einer Welt, die zunehmend von politischen Krisen, technologischen Umbrüchen und gesellschaftlicher Fragmentierung geprägt ist, stellt Teenager-Terrorismus eine wachsende Bedrohung dar. Diese Entwicklung ist eng mit der neuen Weltunordnung verbunden, in der traditionelle politische Systeme an Stabilität verlieren, Kriege, wirtschaftliche Unsicherheit und soziale Polarisierung neue Feindbilder schaffen und das Internet als Radikalisierungs- und Rekrutierungsplattform immer mächtiger wird. Die Fragmentierung der globalen Ordnung bietet extremistischen Ideologien einen fruchtbaren Boden, auf dem junge Menschen, die sich verloren oder perspektivlos fühlen, leichter für Gewalt begeistert werden können. Rechtsextreme, islamistische und anarchistische Gruppen nutzen gezielt diese Instabilität, um über soziale Medien und Gaming-Communitys eine neue Generation von Terroristen zu formen. Die neue Weltunordnung macht es schwieriger, diese Prozesse zu erkennen und zu verhindern – denn je mehr die Welt aus den Fugen gerät, desto stärker suchen radikalisierte Jugendliche nach einfachen Lösungen und gewaltsamen Antworten.

Die Deradikalisierung von Teenagern ist ein komplexer Prozess, der weit über einfache Strafverfolgung hinausgeht. Die Täter sind nicht nur Zahlen in einer Statistik oder abstrakte Figuren in den Nachrichten – sie sind unsere Kinder, unsere Schüler, unsere Nachbarn. Sie sind das Produkt einer Gesellschaft, die zu oft wegsieht, zu oft verharmlost und zu oft erst reagiert, wenn es zu spät ist. Jugendliche, die sich in extremistischen Ideologien verfangen haben, benötigen gezielte Interventionen, psychologische Unterstützung und eine langfristige soziale Reintegration. Dabei sind verschiedene Methoden und Akteure erforderlich, um die ideologische, emotionale und soziale Bindung an den Extremismus zu durchbrechen. Erfolgreiche Programme setzen nicht nur auf Überwachung und Abschreckung, sondern vor allem auf Prävention, Vertrauensarbeit und Alternativen zur extremistischen Lebensweise.

Frühe Intervention kann Leben retten, wenn sie auf Vertrauen statt Kontrolle basiert. Wenn wir den Terror bekämpfen wollen, müssen wir daher zuerst die Ursachen bekämpfen: Perspektivlosigkeit, soziale Spaltung, digitale Hetze, die Normalisierung von Hass. Wenn wir hingegen nicht frühzeitig gegensteuern, werden aus frustrierten Jugendlichen von heute die Terroristen von morgen – und eine Generation wird heranwachsen, die Gewalt als legitime Antwort auf ihre Wut betrachtet.

Die Prävention ist nicht allein Aufgabe von Polizei und Geheimdiensten. Schulen, Sozialarbeit, Familien, Online-Plattformen und lokale Communitys müssen gemeinsam agieren. Plattformbetreiber und die Politik müssen gemeinsam daran arbeiten, Radikalisierungsprozesse frühzeitig zu erkennen und Jugendlichen eine Zukunft zu bieten, die nicht in Hass und Gewalt endet. Die Verantwortung liegt bei uns allen: Eltern, Lehrern, Freunden, digitalen Plattformen, Medien und jedem einzelnen Menschen, der sich gegen Hass stellt. Und sie ist eine moralische Pflicht.

Die Befreiung aus der Gefahr des Terrorismus beginnt mit Bewusstsein, Unterstützung und der Möglichkeit, neue Perspektiven zu entwickeln. Der erste Schritt aus dem Labyrinth ist daher die Erkenntnis, dass die Jugendlichen instrumentalisiert werden – sei es durch radikale Online-Propaganda, charismatische Ideologen oder Gruppen, die sie gezielt in Feindbilder und Gewaltfantasien hineinziehen. Wenn Teenager erkennen, dass Extremismus ihre Zukunft zerstören wird, können sie sich aktiv dagegen entscheiden. Dabei hilft der Kontakt zu vertrauenswürdigen Personen wie Eltern, Lehrern, Sozialarbeitern oder sogar ehemaligen Radikalisierten, die sie ohne Vorwürfe zurück in ein normales Leben führen können.

Manche schaffen den Ausstieg tatsächlich und erhalten psychologische Hilfe, doch viele bleiben in den Kreisläufen der Gewalt gefangen, weil sie von der Gesellschaft stigmatisiert werden oder von neuen extremistischen Gruppen rekrutiert werden. Ohne effektive Deradikalisierungsprogramme, Bildung und soziale Reintegration wird diese Spirale weitergehen. Wenn wir aufklären, statt zu ignorieren, wenn wir zuhören, statt zu stigmatisieren, und wenn wir rechtzeitig handeln, statt nur zu reagieren, dann können wir verhindern, dass Frustration in Fanatismus und Orientierungslosigkeit in Gewalt umschlägt.

Daher ist dieses Buch ein Aufruf an die Politik, sich dieser drängenden Frage mit derselben Entschlossenheit zu stellen, mit der sie jede andere Bedrohung für den Frieden und die Stabilität einer Nation bekämpft. Die Zeit für zögerliches Handeln ist vorbei. Der Teenager-Terrorismus ist keine ferne, abstrakte Gefahr – er ist ein wachsendes, greifbares Problem, das vor unserer Tür steht. Die Politik hat nicht nur die Verantwortung, die gesellschaftliche Ordnung zu bewahren, sondern auch die Verantwortung, die Jugend zu schützen und ihr den Weg zu einer besseren Zukunft zu zeigen. Denn jedes ungenutzte Präventionsprogramm, jede verpasste Chance, einen Jugendlichen vor dem Abgleiten in den Extremismus zu bewahren, kostet nicht nur ein Leben – es kostet uns alle den Glauben an die Möglichkeit einer friedlichen und vereinten Gesellschaft.

Und dieses Buch ist ein Appell an unser aller Menschlichkeit. Wenn wir die Jugend heute nicht mit den richtigen Werkzeugen, mit Toleranz, Aufklärung und sozialer Integration ausstatten, verlieren wir nicht nur die Jugendlichen, sondern auch die Zukunft selbst. In einer Welt, die zunehmend von polarisierenden Kräften beherrscht wird, müssen wir als Gesellschaft eine starke gemeinsame Botschaft senden: dass Toleranz und Frieden der wahre Weg zu einer Zukunft sind, in der alle einen Platz finden. Wenn wir die Zeichen der Radikalisierung ignorieren und die Jugend nicht in die Gesellschaft integrieren, laufen wir Gefahr, dass Geschichte sich wiederholt – mit verheerenden Folgen für die ganze Welt. Die Lösung liegt in einer tiefgreifenden Neugestaltung der sozialen, politischen und emotionalen Rahmenbedingungen, die Jugendlichen helfen, sich selbst zu finden, ihren Wert zu sehen, jenseits von Herkunft, Religion oder sozialem Status, und Verantwortung für ihre Welt zu übernehmen.

Das letzte Wort soll nun ein Song aus dem Jahr 1986 von Herbert Grönemeyer haben: »Kinder an die Macht« – ein kraftvoller Titel, der sowohl poetisch als auch zutiefst politisch ist, und eine leidenschaftliche Forderung nach einer Veränderung, einer revolutionären Umgestaltung der Welt, die durch die Perspektive der nächsten Generation angestoßen wird. In Grönemeyers Vision übernehmen die Kinder die Kontrolle über die Gesellschaft, um die Fehler der älteren Generation zu korrigieren und eine neue, gerechtere Welt zu schaffen. Die Idee von Kindern an der Macht spricht nicht nur die Naivität und das Bedürfnis nach Reinheit an, sondern auch die potenziell revolutionäre Kraft, die in der Jugend steckt.

Diese Vision einer besseren Welt, die durch die Energie und

den Idealismus der jungen Generation verwirklicht werden könnte, ist jedoch nicht ohne Herausforderung. In der realen Welt – besonders im Kontext von Teenager-Terrorismus – stellt sich die Frage, ob Kinder wirklich die Lösungen für die Probleme dieser Welt haben oder ob sie nicht vielmehr in die falschen Ideologien und auf gefährliche Pfade geführt werden können. Denn es ist die jüngere Generation, die mit den Verheerungen der vergangenen Jahrzehnte – sei es durch soziale Ungerechtigkeit, politische Instabilität oder die Verlockungen von Extremismus – konfrontiert wird und umgehen muss. Jugendliche sind die Protagonisten einer Geschichte, in der sie sich in einer Welt bewegen, die ihre Identität und ihren Platz darin infrage stellt. Der Wunsch nach Veränderung und das Streben nach einer gerechteren, freieren Gesellschaft können in einer Zeit der Unsicherheit und der digitalen Vernetzung schnell von radikalen Kräften vereinnahmt werden, die einfache Antworten auf komplexe Probleme versprechen. Diese Kräfte bieten den Jugendlichen nicht nur einen Platz in der Gesellschaft, sondern auch ein Gefühl von Macht und Kontrolle – genau das, wonach Grönemeyer in seinem Lied ruft, aber auf eine gefährlichere, dunklere Weise.

Die Energie und der Drang nach Veränderung, die Grönemeyer besingt, können sowohl eine Quelle der Hoffnung als auch ein Nährboden für Radikalisierung sein. Wenn die Gesellschaft es versäumt, den Jugendlichen konstruktive Alternativen und eine klare Perspektive zu bieten, folgen sie womöglich den Sirenenrufen extremistischer Ideologien. Wenn die junge Generation, die nach Veränderung verlangt, nicht durch aufklärende, unterstützende und integrative Programme begleitet wird, könnte das Streben nach einer besseren Welt in die falsche Richtung führen. Es ist die Verantwortung der Gesellschaft – und damit der Politik und jedes Einzelnen –, den jungen Menschen die Werkzeuge an die Hand zu geben, dass sie Verantwortung übernehmen und ihre Macht in einer positiven, gerechten und friedlichen Weise nutzen können.

Anmerkungen

Die Rache der Übersehenen – eine Einführung

1 Vgl. generell zur Gewalt Steven Pinker, *Gewalt. Eine neue Geschichte der Menschheit.* Frankfurt a.M. 2011.

2 Vgl. Ilse M. Seifried (Hg.), *Das Labyrinth oder die Kunst zu wandeln.* Innsbruck 2002.

3 Vgl. Zygmunt Bauman, *Verworfenes Leben. Die Ausgegrenzten der Moderne.* Hamburg 2005.

4 *Der Stern*, 30. April 2025, S. 22–34.

5 BR 24, 6. September 2024, https://www.br.de/nachrichten/bayern/schuesse-bei-terror-anschlag-in-muenchen-experte-zwei-drittel-der-terrorverdaechtigen-sind-teenager,UNZnozp (abgerufen am 17. März 2025). Vgl. Peter R. Neumann, *Die Rückkehr des Terrors. Wie uns der neue Dschihadismus herausfordert.* Berlin 2024.

6 *Kronenzeitung*, 21. Januar 2025, https://www.krone.at/3662081 (abgerufen am 17. März 2025).

7 Europol: European Union Terrorism Situation and Trend Report 2024, Luxemburg 2024, S. 8, https://www.europol.europa.eu/cms/sites/default/files/documents/TE-SAT%20 2024.pdf (abgerufen am 17. März 2025).

8 Vgl. Cecilia Polizzi, »Youth Radicalisation. A New Frontier in Terrorism and Security«, in: Global Terrorism Index 2025,

S. 86–88, https://www.visionofhumanity.org/wp-content/uploads/2025/03/Global-Terrorism-Index-2025.pdf (abgerufen am 24. März 2025).

9 Vgl. Liane Rothenberger u. a. (Hg.), *Terrorismusforschung*. Baden-Baden 2022.

10 Walter Laqueur, *The Age of Terrorism*. Boston 1987, S. 143 (eigene Übersetzung).

11 Bruce Hoffman, *Inside Terrorism*. New York 2006, S. 43 (eigene Übersetzung).

12 Peter Waldmann, *Determinanten des Terrorismus*, Weilerswist 2006, S. 15.

13 Vgl. etwa Nicolas Stockhammer (Hg.), *Routledge Handbook of Transnational Terrorism*. New York 2024.

14 Vgl. Fabian Virchow, »›Yes, it's a terrorist attack!‹ Manifeste rechten Terrorismus. Feindbestimmung, Inspiration und Handlungsanleitung«, in: Marc Coester / Anna Daun / Florian Hartleb / Christoph Kopke / Vincenz Leuschner (Hg.), *Rechter Terrorismus: international – digital – analog*. Wiesbaden 2023, S. 101–155; Florian Hartleb, »Die Manifeste rechtsterroristischer Einzeltäter. Eine vergleichende Analyse«, in: *Kriminalistik. Unabhängige Zeitschrift für die kriminalistische Wissenschaft und Praxis*, 72 (2020) 5, S. 313–318.

15 Vgl. Orla Lynch / Javier Argomaniz (Hg.), *Victims of Terrorism. A Comparative and Interdisciplinary Study*. London / New York 2015.

16 Vgl. bereits die Analyse des US-amerikanischen Medienwissenschaftlers Neil Postman aus den 1980er-Jahren: *Wir amüsieren uns zu Tode. Urteilsbildung im Zeitalter der Unterhaltungsindustrie*. Dt. von Reinhard Kaiser. Frankfurt a. M. 1985.

17 So bereits meine Motivation in meinem Buch *Einsame Wölfe. Der neue Terrorismus rechter Einzeltäter*. Hamburg $_2$2020.

18 Vgl. Tobias Hof, *Die Geschichte des Terrorismus. Von der Antike bis zur Gegenwart*. München 2022.

19 Vgl. grundlegend auch zur Unterscheidung von totalitären und autoritären Regimen Juan Linz, *Totalitäre und autoritäre Regime*. Berlin 2003.

20 Vgl. George Orwell, *1984*. Dt. von Michael Walter. Berlin 2007.

21 Vgl. Ben Kiernan, *The Pol Pot Regime. Race, Power and Genocide in Cambodia under the Khmer Rouge, 1975–79*. New Haven 2002.

22 Zu al-Shabaab vgl. Lorenzo Vidino/Raffaello Pantucci/Evan Kohlmann, »Bringing Global Jihad to the Horn of Africa. Al Shabaab, Western Fighters, and the Sacralization of the Somali Conflict«, in: *African Security*, 3 (2010) 4, S. 216–238. Zu Boko Haram vgl. Mike Smith, *Boko Haram. Der Vormarsch des Terror-Kalifats*. Bundeszentrale für politische Bildung, Bonn 2015; Ona Ekhomu, *Boko Haram. Security Considerations and the Rise of an Insurgency*. Boca Raton, Florida 2020.

23 Vgl. Jakob Rösel, »Education and Ethnic Conflict in the Politics of Sri Lanka«, in: Theodor Hanf (Hg.), *The Political Function of Education in Deeply Divided Countries*. Baden-Baden 2011, S. 119–129.

24 Vgl. Alexander Straßner, *Militärdiktaturen im 20. Jahrhundert. Motivation, Herrschaftstechnik, Struktur, Repressionsgrad und Modernisierungspotentiale im Vergleich*. Wiesbaden 2013.

25 Vgl. Marie-Janine Calic, *Der Krieg in Bosnien-Hercegovina. Ursachen – Konfliktstrukturen – internationale Lösungsversuche*. Frankfurt a. M. 1995.

26 Vgl. Muriel Asseburg/Jan Busse, *Der Nahostkonflikt. Geschichte, Positionen, Perspektiven*. München 2016.

27 Kateryna Denisova, »Russian intelligence recruited teenagers for terrorist attack in western Ukraine, SBU claims«, in: *The Kyiv Independent*, 18. März 2025, https://kyivindependent.com/russian-intelligence-behind/ (abgerufen am 18. März 2025).

28 Vgl. grundlegend Thymian Bussemer, *Propaganda. Konzepte und Theorien*. Wiesbaden $_{2}$2008.

29 Vgl. *Frankfurter Allgemeine Zeitung*, 31. Januar 2016, https://www.faz.net/aktuell/politik/russlands-informationskrieg-hat-angela-merkel-als-ziel-14043618.html (abgerufen am 18. März 2025).

30 Vgl, etwa Marc-Dietrich Ohse, *Jugend nach dem Mauerbau. Anpassung, Protest und Eigensinn (DDR 1961–1974)*. Berlin 2003.

31 Vgl. Rüdiger Frank, *Nordkorea. Innenansichten eines totalen Staates*. München 2014.

32 Vgl. André Postert, *Die Hitlerjugend. Geschichte einer überforderten Massenorganisation*. Göttingen 2021.

33 Einsamer-Wolf-Terrorismus meint nach allgemeiner Definition intendierte Akte, die von Personen begangen werden, welche individuell operieren, vorgeben, aus politischen Überzeugungen zu handeln, aber keiner organisierten Terrorgruppe oder einem Terrornetzwerk angehören und ohne direkten Einfluss eines Anführers oder einer irgendwie gearteten Befehls- und Gehorsamshierarchie aktiv werden, sondern selbst für Propaganda und kommunikative Verbreitung ihrer extremistischen Ideologie sorgen. Es ist sogar von einem Zeitalter des »Einsamer-Wolf-Terrorismus« die Rede; vgl. Mark S. Hamm / Ramón Spaaij, *The Age of Lone Wolf Terrorism*. New York 2017.

34 Vgl. Giovanni Levi / Jean-Claude Schmitt (Hg.), *Geschichte der Jugend. Von der Antike bis zum Absolutismus*. Frankfurt a. M. 1996.

35 Vgl. Sara Zeiger u. a., The ISIS Files. Planting the Seeds of the Poisonous Tree. Establishing a System of Meaning through ISIS Education, Februar 2021, Program on Extremism. The George Washington University / Hedayah, https://hedayah.com/app/uploads/2021/09/Planting_the_Seeds_of_the_Poisonous_Tree__Establishing_a_System_of_Meaning_

Through_ISIS_Education-1.pdf (abgerufen am 17. März 2025).

36 Vgl. Mia Bloom/John Horgan, *Small Arms. Children and Terrorism.* Ithaca/New York 2019.

Radikalisierung, Rekrutierung, Gewaltbereitschaft – eine Analyse

1 Vgl. Wolfgang Benz, *Vom Vorurteil zur Gewalt. Politische und soziale Feindbilder in Geschichte und Gegenwart.* Freiburg i. Br. 2020.

2 Vgl. bereits Helmut Schröder, *Jugend und Modernisierung. Strukturwandel der Jugendphase und Statuspassagen auf dem Weg zum Erwachsenensein.* Weinheim/München 1995.

3 Vgl. Peter Waldmann, *Terrorismus. Provokation der Macht.* München 1998, S. 138–162.

4 Vgl. Florian Hartleb, »Breivik als ›Dammbruch‹. Eine psychoanalytische Annäherung an den rechten Terrorismus«, in: Ders./Marc Coester/Anna Daun/Christoph Kopke/Vincenz Leuschner (Hg.), *Rechter Terrorismus: international – digital – analog.* Wiesbaden 2023, S. 315–335; Heiner Meulemann, *Die Geschichte einer Jugend. Lebenserfolg und Erfolgsdeutung ehemaliger Gymnasiasten zwischen dem 15. und 30. Lebensjahr.* Opladen 1995; Mona Singer, *Fremd. Bestimmung. Zur kulturellen Verortung von Identität.* Tübingen 1997.

5 Vgl. Amadeu Antonio Stiftung (Hg.), verantwortet von Marius Dilling/Clara Schliessler, *Radikalisierung oder Pubertät? Warum Jugendliche an Verschwörungen glauben.* Berlin 2023, https://www.amadeu-antonio-stiftung.de/wp-content/uploads/2023/03/radikalisierung-oder-pubertaet-new.pdf (abgerufen am 22. März 2025).

6 So ist auch die Logik des vieldiskutierten Populismus, vgl. Florian Hartleb, *Die Stunde der Populisten. Wie sich unsere Politik trumpetisiert und was wir dagegen tun können.* Schwalbach a. T. 2017.

7 Vgl. Bertelsmann-Stiftung, 17. Juni 2024, https://www.bertelsmann-stiftung.de/de/unsere-projekte/junge-menschen-und-gesellschaft/projektnachrichten/wie-einsam-sind-junge-erwachsene-im-jahr-2024 (abgerufen am 14. April 2025).

8 Vgl. Manfred Sader, *Psychologie der Gruppe*. Weinheim / München 2008.

9 Vgl. Ingrid Brodnig, *Lügen im Netz. Wie Fake News, Populisten und unkontrollierte Technik uns manipulieren*. Wien 2017.

10 Vgl. Udo Baron, »Die Rolle der Gewalt bei der Radikalisierung und Rekrutierung von Linksextremisten«, in: Ministerium für Inneres und Sport des Landes Sachsen-Anhalt (Hg.), *Linksextremismus. Neue Entwicklungen jenseits von Marx, Engels und Lenin*. Tagungsband zur Fachtagung vom 23. September 2020. Magdeburg 2021, S. 48–52.

11 Vgl. Erica Chenoweth u. a. (Hg.), *The Oxford Handbook on Terrorism*. Oxford 2019.

12 Vgl. Karl Popper, *Die offene Gesellschaft und ihre Feinde*. Bd. 1: *Der Zauber Platons*. Tübingen $_8$2003.

13 Vgl. David Runciman, *How Democracy Ends*. London 2018.

14 Diesen Aspekt der Tötungslust erläutert Klaus Theweleit, *Das Lachen der Täter. Breivik u. a. Psychogramm der Tötungslust*. Sankt Pölten u. a. 2015.

15 So die Analyse von Carlo Masala, *Weltunordnung. Die globalen Krisen und das Versagen des Westens*. München 2022; vgl. auch Herfried Münkler, *Welt im Aufruhr. Die Ordnung der Mächte im 21. Jahrhundert*. Berlin 2023.

16 Christiane F., *Wir Kinder vom Bahnhof Zoo*. Nach Tonbandprotokollen aufgeschrieben von Kai Hermann und Horst Rieck. Mit einem Vorwort von Horst-Eberhard Richter. Hamburg $_{50}$2008.

17 Vgl. Gerald Willms, *Die wunderbare Welt der Sekten. Von Paulus bis Scientology*. Göttingen 2012.

18 Vgl. Max Fisher, *The Chaos Machine. The Inside Story of*

How Social Media Rewired Our Minds and Our World. London 2022.

19 Vgl. Julia Ebner, *Radikalisierungsmaschinen. Wie Extremisten die neuen Technologien nutzen und uns manipulieren*. Berlin 2019.

20 Vgl. Michael Maurer, »Radikalisierung im Jugendalter. Begriffe, Phänomene, Faktoren und Verlauf salafistisch geprägter Radikalisierung«, in: *SIAK-Journal – Zeitschrift für Polizeiwissenschaft und polizeiliche Praxis*, 3 (2004), S. 85–99.

21 Vgl. grundlegend Kurt Salamun, *Ideologien und Ideologiekritik. Ideologietheoretische Reflexionen*. Darmstadt 1992.

22 Siehe etwa die erste Generation der Roten Armee Fraktion (RAF) mit Andreas Baader, Gudrun Ensslin und Ulrike Meinhof; umfassend zur RAF siehe Wolfgang Kraushaar (Hg.), *Die RAF und der linke Terrorismus*. 2 Bände. Hamburg 2006.

23 Vgl. Armin Nassehi, *Muster. Theorie der digitalen Gesellschaft*. München 2019.

24 Vgl. Heidi Schulze/Julian Hohner/Diana Rieger: »Soziale Medien und Radikalisierung«, in: Liane Rothenberger/Joachim Krause/Jannis Jost/Kira Frankenthal (Hg.): *Terrorismusforschung. Interdisziplinäres Handbuch für Wissenschaft und Praxis*, Baden-Baden 2022, S. 319–329, hier S. 323 f.

25 Vgl. Ebner, Radikalisierungsmaschinen.

26 Rex Hudson, *Who Becomes a Terrorist and Why? The Psychology and Sociology of Terrorism*. New York 2018.

27 Vgl. Maik Fielitz/Martin Kahl, »Zwischen Tastatur und Straße. Post-digitale Strategien und Praktiken des identitären Rechtsextremismus und Islamismus im Vergleich«, in: Ursula Birsl/Julian Junk/Martin Kahl/Robert Pelzer (Hg.), *Inszenieren und Mobilisieren. Rechte und islamistische Akteure digital und analog*. Opladen/Berlin/Toronto 2022, S. 289–318.

28 Vgl. Rahel Kowert/Linda Schlegel (Hg.), *Gaming and Extremism. The Radicalization of Digital Playgrounds*. New York 2024.

29 N-tv.de, 31. Mai 2018, https://www.n-tv.de/panorama/Schulmassaker-Spiel-loest-Empoerung-aus-article20456765.html (abgerufen am 23. März 2025).

30 Vgl. Vincenz Leuschner, »›School-Shootings‹ und ›Lone Wolf Terrorism‹ als soziale Phänomene«, in: *Berliner Journal für Soziologie,* 23 (2013) 1, S. 27–49, hier S. 31.

31 Vgl. Jean-Philipp Baeck / Andreas Speit (Hg.), *Rechte Egoshooter. Von der virtuellen Hetze zum Livestream-Attentat.* Berlin 2020.

32 Zitiert nach Hartleb, *Einsame Wölfe*, S. 188.

33 Zitiert nach Britta Bannenberg, *Amok. Ursachen erkennen – Warnsignale verstehen – Katastrophen verhindern.* Gütersloh 2010, S. 55.

34 Vgl. Hartleb, *Einsame Wölfe*, S. 188–190.

35 Vgl. Vincenz Leuschner u. a., »Attentate durch Einzeltäter. Zu Gemeinsamkeiten in der Tatentwicklung und der Tatsituation bei terroristischen Anschlägen und School Shootings«, in: Nils Böckler / Jens Hoffmann (Hg.), *Radikalisierung und terroristische Gewalt. Perspektiven aus dem Fall- und Bedrohungsmanagement.* Frankfurt a. M. 2017, S. 51–78.

36 https://www.zdf.de/nachrichten/politik/deutschland/islamismus-tiktok-verfassungsschutz-radikalisierung-muslime-100.html (abgerufen am 20. Februar 2025).

37 Vgl. Eva Berendsen / Deborah Schnabel, *Die TikTok-Intifada. Der 7. Oktober und die Folgen im Netz.* Analysen und Empfehlungen der Bildungsstätte Anne Frank. Frankfurt a. M. 2024, S. 30.

38 Auf Grundlage von Florian Hartleb / Nicolas Stockhammer: »Ich hätte den Sprengstoff in der Menschenmenge platziert«. Eine Analyse des vereitelten Terroranschlags auf die Taylor-Swift-Konzerte in Wien im August 2024, Europäisches Institut für Terrorismusbekämpfung und Konfliktprävention (EICTP), Wien 2024, https://eictp.eu/wp-content/uploads/2024/09/SwiftPlot_Wien_1009_DE.pdf (abgerufen am 17. März 2025).

39 Vgl. *Falter*, 33/24 (2024), S. 12–14.

40 Der Werdegang des Verdächtigen, in: *Profil* (32), 10. August 2024, S. 10–13.

41 Vgl. *Profil*, 16. August 2024, https://www.profil.at/oesterreich/terror-ternitz-islamismus-wien-beran-a/402936231 (abgerufen am 20. August 2024).

42 Vgl. *New York Times*, 8. August 2024, https://www.nytimes.com/2024/08/28/us/politics/cia-isis-warning-taylor-swift-concert.html (abgerufen am 29. August 2024).

43 Vgl. *Der Standard*, 8. August 2024, https://www.derstandard.at/story/3000000231602/nach-festnahmen-und-absage-der-swift-konzerte-was-ueber-die-terrorverdaechtigen-bekannt-ist (abgerufen am 20. August 2024).

44 Siehe dazu Nicolas Stockhammer, *Trügerische Ruhe. Der Anschlag von Wien und die terroristische Bedrohung in Europa.* Wien 2023.

45 *Profil* (32), 10. August 2024, S. 10–13.

46 *Der Standard*, 9. August 2024, https://www.derstandard.at/story/3000000231904/auf-den-spuren-des-ternitzer-an schlagsplaners-beran-a; *Profil*, 10. August 2024, S. 10–13.

47 *Kurier.at*, 9. August 2024, https://kurier.at/chronik/oesterreich/terror-gang-taylor-swift-wien-beran-luca-anschlag-konzerte-era-tour/402934517 (abgerufen am 20. August 2024).

48 Vgl. *Al Jazeera News*, 9. August 2024, https://www.aljazeera.com/news/2024/8/9/third-suspect-detained-over-plan-to-attack-taylor-swift-shows-in-vienna (abgerufen am 20. August 2024).

49 Er ist seit einigen Jahren als Reisegruppenleiter für Haddsch- und Umra-Reisen aktiv: Auf der Website von Bakkah-Reisen (https://bakkah-reisen.com/) werden z. B. zweiwöchige Luxus-Pilgerfahrten von und mit Armih angeboten, die pro Person über 5000 EUR kosten.

50 Vgl. Thorsten Hasche, »Islamismus in der Bundesrepublik Deutschland«, in: Eckhard Jesse/Tom Mannewitz (Hg.),

Extremismusforschung. Handbuch für Wissenschaft und Politik, Bonn 2018, Bundeszentrale für politische Bildung, S. 389–426, hier S. 409; Hamed Abdel-Samad, »Radikalisierung in der Fremde. Muslime in Deutschland«, in: Peter Waldmann (Hg.), *Determinanten des Terrorismus*. Weilerswist 2005, S. 189–240; Stefan Kaltenbrunner/Clemens Neuhold, *Allahs mächtige Influencer. Wie Tik-Tok Islamisten unsere Jugend radikalisieren*. Wien 2025.

51 *Focus.de*, 9. August 2024, https://www.focus.de/panorama/welt/anschlag-bei-swift-konzert-in-wien-berliner-hassprediger-radikalisierte-taylor-terroristen_id_260209013.html (abgerufen am 20. Januar 2025).

52 *CNN World*, 15. August 2024, https://www.cnn.com/2024/08/15/europe/abul-baraa-salafi-preacher-intl-latam/index.html (abgerufen am 20. Mai 2025). Vgl. im Detail: Evelyn Bokler: »Biographisches Porträt: Abul Baraa«, in: Uwe Backes/Alexander Gallus/Eckhard Jesse/Tom Thieme (Hg.), *Jahrbuch Extremismus und Demokratie*, 35. Jg. (2023), Baden-Baden, S. 193–208. Wie die Autorin ausführt, ist nicht einmal gesichert, ob sein Name so lautet oder ob es sich um ein Alias handelt – trotz seines großen Einflusses in der salafistischen Szene (ebd. S. 193).

53 Vgl. Fodex online, Mai 2029, https://www.fodex-online.de/demokratie-dialog-artikel/ahmad-abul-baraa-portraet/ (abgerufen am 20. März 2025).

54 https://www.youtube.com/watch?v=CeI8OGohliI (abgerufen am 29. August 2024).

55 Vgl. Hamed Abdel-Samad, Radikalisierung, in: Waldmann (Hg.), *Determinanten des Terrorismus*.

56 Vgl. *Frankfurter Allgemeine Zeitung (FAZ)*, 17. September 2016, https://www.faz.net/aktuell/politik/kampf-gegen-den-terror/terror-in-frankreich-wer-ist-rachid-kassim-14438050.html (abgerufen am 14. März 2025).

57 Vgl. Michael Fischer/Robert Pelzer, *Die Logik des Anschlags*.

Zur Zielwahl dschihadistischer Terroristen in Europa. Frankfurt a.M. 2016.

58 So Rüdiger Lohlker, *Theologie der Gewalt. Das Beispiel IS*. Stuttgart 2016.

59 Vgl. Karin Priester, *Warum Europäer in den Heiligen Krieg ziehen. Der Dschihadismus als rechtsradikale Jugendbewegung*. Frankfurt a.M./New York 2017.

60 Vgl. Paula Diehl, *Macht – Mythos – Utopie. Die Körperbilder der SS-Männer*. Berlin 2005.

61 Vgl. *puls24.at*, 20. September 2023, https://www.puls24.at/news/chronik/abgeblasener-terror-plan-16-jaehriger-wollte-selbstmordattentat/308424 (abgerufen am 28. August 2024).

62 Vgl. *puls24.at*, 9. August 2024, https://www.puls24.at/news/chronik/swift-anschlagsplaene-wieder-die-tewhid-moschee-in-meidling/342604 (abgerufen am 23. März 2025); *kurier.at*, 2. Februar 2024, https://kurier.at/chronik/wien/anschlag-in-wien-tewhid-moschee-aufgeloest/402766222 (abgerufen am 13. März 2025).

63 Vgl. *focus.de*, 25. August 2024, https://www.focus.de/experts/balkan-als-salafistischer-brueckenkopf-is-instrumentalisiert-jugendliche-migranten-oesterreich-findet-loesungen-deutschland-schaut-weg_id_260238954.html (abgerufen am 13. März 2025).

64 Vgl. *kurier.at*, 2. Februar 2024, https://kurier.at/chronik/wien/anschlag-in-wien-tewhid-moschee-aufgeloest/402766222 (abgerufen am 13. März 2025).

65 Arie W. Kruglanski/Jocelyn J. Bélanger/Rohan Gunaratna, *The Three Pillars of Radicalization. Needs, Narratives, and Networks*. Oxford 2019, S. 173 ff.

66 Vgl. Nicolas Stockhammer/Colin P. Clarke, »Learning from Islamic State-Khorasan Province's Recent Plots«, in: *Lawfare*, 11. August 2024, https://www.lawfaremedia.org/article/learning-from-islamic-state-khorasan-province-s-recent-plots (abgerufen am 29. August 2024).

67 Peter R. Neumann, »Terrorismus in Europa«, *NZZ*, 23. August 2024, https://www.nzz.ch/international/terrorismus-in-europa-die-tik-tok-generation-peter-r-neumann-ld.1844746 (abgerufen am 29. August 2024).

68 Rukmini Callimachi, »ISIS and the Lonely Young American«, in: *New York Times*, 27. Juni 2015, https://www.nytimes.com/2015/06/28/world/americas/isis-online-recruiting-american.html (abgerufen am 18. Mai 2025); vgl. Simon Theine, *Die Rekrutierungsstrategie des IS. Welcher Inhalte und Techniken sich der Islamische Staat im Internet bedient.* Marburg 2016.

69 Vgl. Hinweise laut Bericht von US-Geheimdienst, *ORF.at*, 8. August 2024, https://orf.at/stories/3365988/ (abgerufen am 29. August 2024).

70 *Inspire*, September 2010, S. 54.

71 Am 13. November 2015 verübte der IS eine koordinierte Serie von Anschlägen in Paris, bei denen insgesamt 130 Menschen getötet und über 350 verletzt wurden. Die Angriffe begannen mit Selbstmordattentaten in der Nähe des Stade de France, während dort ein Fußballspiel stattfand. Parallel dazu eröffneten Terroristen das Feuer auf Restaurants und Bars im 10. und 11. Arrondissement, wo zahlreiche Zivilisten erschossen wurden. Der schwerste Angriff ereignete sich im Bataclan, wo drei bewaffnete Männer während eines Konzerts der Band Eagles of Death Metal Geiseln nahmen und 90 Menschen ermordeten. Die Anschläge galten als einer der schlimmsten Terrorakte in Europa und führten zu einem landesweiten Ausnahmezustand. Vgl. dazu die Gerichtsreportage Emmanuel Carrère, *V13. Die Terroranschläge von Paris.* Dt. von Claudia Hamm. Berlin 2023.

72 Den Hinweis verdanke ich Nico Prucha.

73 Vgl. Nicolas Stockhammer, *Trügerische Ruhe. Der Anschlag von Wien und die terroristische Bedrohung in Europa.* Wien 2023.

74 https://www.zdf.de/nachrichten/politik/deutschland/jugend

liche-terror-verdacht-haftbefehl-nordrhein-westfalen-100.html (abgerufen am 21. März 2025).

75 https://www.zdf.de/nachrichten/politik/deutschland/jugendliche-anschlag-islamistisch-haftbefehl-nrw-brandenburg-100.html (abgerufen am 20. März 2025).

76 *Spiegel.de*, 21. März 2025, https://www.spiegel.de/panorama/justiz/duesseldorf-drei-jugendliche-nach-islamistischen-anschlagsplaenen-zu-drei-jahren-haft-verurteilt-a-4b6a52ac-da8e-46df-a6ac-71b15bda1e5e (abgerufen am 21. März 2025).

77 https://www.tagesschau.de/inland/innenpolitik/angriff-ecke-spd-100.html (abgerufen am 20. März 2025).

78 https://www.puls24.at/news/chronik/abgeblasener-terror-plan-16-jaehriger-wollte-selbstmordattentat/308424 (abgerufen am 28. August 2024).

79 https://www.derstandard.at/story/3000000199050/16-jaehriger-in-oberoesterreich-wegen-terrorplaenen-festgenommen (abgerufen am 28. August 2024).

80 https://kurier.at/chronik/wien/terror-gefahr-in-wien-wie-sicher-ist-silvester/402723328 (abgerufen 28. August 2024).

81 Vgl. *Süddeutsche Zeitung*, 14. März 2025, https://www.sueddeutsche.de/muenchen/muenchen-anschlag-israelisches-generalkonsulat-ns-dokumentationszentrum-ermittlungen-ergebnis-li.3216836 (abgerufen am 14. März 2025).

82 Vgl. Stefan Goertz, *Islamistischer Terrorismus. Analyse – Definitionen – Taktik*. Heidelberg 2017, S. 97–101.

83 *The Guardian*, 23. März 2018, https://www.theguardian.com/uk-news/2018/mar/23/parsons-green-tube-bomber-ahmed-hassan-jailed-for-life (abgerufen am 21. März 2025).

84 *Neue Zürcher Zeitung*, 5. März 2024, https://www.nzz.ch/zuerich/der-jugendliche-blickt-in-die-kamera-und-sagt-ich-folge-dem-aufruf-des-is-an-seine-soldaten-dann-schreitet-er-zur-tat-und-sticht-einen-orthodoxen-juden-nieder-ld.1820628 (abgerufen am 22. März 2025).

85 Vgl. Neumann, *Rückkehr des Terrors*, S. 97 f.

86 *Tagesschau.de*, 25. Juli 2024, https://www.tagesschau.de/ausland/europa/olympische-spiele-terrorverdacht-festnahme-100.html (abgerufen am 22. März 2025).

87 Vgl. Hallar Abderrahaman Mohamed, »Woman and ISIS. Social Diagnosis and Interventions«, in: Anna Sroka u.a. (Hg.): *Radicalism and Terrorism in the 21st Century*. Frankfurt a.M. 2017, S. 123–138.

88 Åsne Seierstad: *Zwei Schwestern. Im Bann des Dschihad*. Dt. von Nora Pröfrock. Zürich/Berlin 2017.

89 Vgl. *Spiegel.de*, 27. Juni 2016, https://www.spiegel.de/spiegel/pubertierende-jugendliche-radikalisieren-sich-im-kinderzimmer-a-1098808.html (abgerufen am 20. März 2025).

90 *Steiermark.orf*, 22. Oktober 2024, https://steiermark.orf.at/stories/3278083/ (abgerufen am 17. März 2025).

91 Vgl. *Focus.de*, 12. März 2014, https://www.focus.de/familie/psychologie/ideologien/stopp-fuer-rechte-propaganda-schulhof-cd_id_1936722.html (abgerufen am 10. März 2025).

92 Vgl. https://web.de/magazine/politik/verfassungsschutz-beobachtet-neonazi-jugendbewegung-40864296 (abgerufen am 19. April 2025).

93 Vgl. https://www.focus.de/politik/videos/skandal-video-oesterreichischer-rechtspopulist-sorgt-mit-polit-rap-fuer-aufregung_id_3863592.html (abgerufen am 19. April 2025).

94 Vgl. Andreas Speit (Hg.), *Das Netzwerk der Identitären. Ideologie und Aktionen der Neuen Rechten*. Berlin 2018.

95 Vgl. *Tagesschau.de*, 30. September 2024, https://www.tagesschau.de/inland/gesellschaft/terror-minderjaehrige-100.html (abgerufen am 16. April 2025).

96 Vgl. Karolin Schwarz, *Hasskrieger. Der neue globale Rechtsextremismus*. Freiburg i.Br. 2020.

97 Vgl. Matthias Quent. »(Nicht mehr) warten auf den ›Tag X‹. Ziele und Gefahrenpotenzial des Rechtsterrorismus«, in: *Aus Politik und Zeitgeschichte*, 2019, S. 20–25.

98 Vgl. Bruce Hoffman/Jacob Ware, *Gods, Guns and Sedition. Far-right Terrorism in America.* New York 2024.
99 Vgl. Spencer Sunshine, *Neo-Nazi Terrorism and Countercultural Fascism. The Origins and Afterlife of James Mason's Siege.* London 2024.
100 Jacob Ware, *Siege. The Atomwaffen Division and Rising Far-Right Terrrorism in the United States, Policy Brief, International Centre for Counter-Terrorism – The Hague*, Juli 2019, https://icct.nl/wp-content/uploads/2019/07/ICCT-Ware-Siege-July2019.pdf (abgerufen am 19. März 2025).
101 Siehe die Analyse von Silver Tambur, »A Global Neo-Nazi Organisation Led by a 13-year-old Estonian Schoolboy«, in: *Estonian World*, 10. April 2020, https://estonianworld.com/security/a-global-neo-nazi-organisation-led-by-a-13-year-old-estonian-schoolboy/ (abgerufen am 18. März 2025).
102 Sinngemäß aus dem Englischen übersetzt.
103 Eigene Auswertung der Chatprotokolle.
104 Vgl. *Baltic Times*, 26. Juni 2020, https://www.baltictimes.com/explosion_in_vilnius_was_planned_during_daytime_with_people_around___police_rep/ (abgerufen am 19. März 2025).
105 Eigene Auswertung der Manifeste.
106 Vgl. https://www.dw.com/en/belgium-teen-arrested-over-alleged-plan-to-attack-mosque/a-71392149 (abgerufen am 18. April 2025).
107 Vgl. https://www.gmx.net/magazine/panorama/19-jaehriger-geplanten-anschlags-synagoge-halle-festgenommen-40926038 (abgerufen am 13. Mai 2025).
108 Vgl. *Web.de*, 16. April 2025, https://web.de/magazine/panorama/terror-wave-telegram-hunderte-deutsche-extremisten-gruppen-40885320 (abgerufen am 18. April 2025).
109 Vgl. Åsne Seierstad, *Einer von uns. Die Geschichte eines Massenmörders.* Dt. von Frank Zuber u. Nora Pröfrock. Zürich/Berlin 2016.

110 Vgl. Royal Commission, Report of the Royal Commission on Inquiry into the Terrorist Attack on Christchurch on 15 March 2019, Wellington 2020.

111 Vgl. Daniel James, *Che Guevara. Mythos und Wahrheit eines Revolutionärs*. München 1997.

112 Vgl. Michael Pohly / Khalid Duran, *Osama bin Laden und der internationale Terrorismus*. München 2001.

113 Vgl. Emily Hund, *The Influencer Industry. The Quest for Authenticity on Social Media*. Princeton 2023.

114 Vgl. *The Guardian*, 2. Februar 2023, https://www.theguardian.com/society/2023/feb/02/andrew-tate-twisted-ideology-infiltrated-british-schools (abgerufen am 18. April 2025).

115 https://www.diepresse.com/19386281/programm-spuert-verdaechtige-auf-neue-wege-bei-terrorabwehr?ref=home_aktuell (abgerufen am 20 März 2025).

116 Vgl. als eine der wenigen Studien zum Thema Hannah Rose / Gine Vale, *Childhood Innocence? Mapping Trends in Teenage Terrorism Offenders*. ICSR King's College, London 2023, https://icsr.info/wp-content/uploads/2023/11/ICSR-Report-Childhood-Innocence-Mapping-Trends-in-Teenage-Terrorism-Offenders.pdf (abgerufen am 17. März 2025).

117 Vgl. zum Fall detailliert Hartleb, Einsame Wölfe.

118 Ich bedanke mich hier für Hinweise des ARD-Investigativjournalisten Christian Bergmann, mit dem ich eng in der Causa zusammenarbeitete.

119 *Focus.de*, 13. April 2025, https://www.focus.de/panorama/20-000-euro-fuer-mord-mafia-heuert-im-internet-junge-killer-und-attentaeter-an_c092bf32-76c2-4393-8fba-6ead27e1e940.html (abgerufen am 19. April 2025).

120 Vgl. *Frankfurter Allgemeine Zeitung*, 19. Oktober 2020, https://www.faz.net/aktuell/feuilleton/debatten/mord-an-samuel-paty-in-frankreich-trifft-der-terror-die-schule-17009837.html (abgerufen am 17. März 2025).

121 Vgl. generell zur Gewalt Steven Pinker, *Gewalt*.

122 *Web.de*, 17. April 2025, https://web.de/magazine/panorama/16-jaehriger-hortete-toedliches-gift-polizei-durchsucht-haus-40888558 (abgerufen am 18. April 2025).

123 Vgl. Thomas Heise / Claas Meyer-Heuer, *Die Macht der Clans. Arabische Großfamilien und ihre kriminellen Imperien*. München 2020.

124 Vgl. Anja Wehler-Schöck, *Willst du kriminell werden? Verschiedene Blicke auf das Thema Jugendkriminalität*. Friedrich-Ebert-Stiftung, Forum Politik und Gesellschaft, Berlin 2009.

125 Vgl. Eckhard Jesse / Tom Mannewitz (Hg.), *Vergleichende Extremismusforschung*. Baden-Baden $_{2}$2024.

126 Vgl. Michael Butter, *»Nichts ist, wie es scheint«. Über Verschwörungstheorien*. Berlin 2018.

127 Vgl. Rüdiger F. Pohl, *Cognitive Illusions. A Handbook on Fallacies and Biases in Thinking, Judgement and Memory*. Hove (UK)/New York 2004, S. 79–87.

128 Vgl. WDR 1, 9. Oktober 2024, https://www1.wdr.de/nachrichten/greta-thunberg-antisemitismus-100.html (abgerufen am 18. März 2025).

129 Vgl. Pankaj Mishra, *Das Zeitalter des Zorns. Eine Geschichte der Gegenwart*. Frankfurt a. M. 2017.

130 Vgl. Stanley Milgram, *Das Milgram-Experiment. Zur Gehorsamsbereitschaft gegenüber Autoritäten*. Dt. von Roland Fleissner. Reinbek b. Hamburg 1982.

131 Vgl. die Analyse des französischen Forschers Michel Desmurget, *Screen Damage. The Dangers of Digital Media for Children*. Engl. von Andrew Brown. Cambridge 2022.

132 Vgl. Jakob Wassermann, *Caspar Hauser oder Die Trägheit des Herzens*. München 1997; Anna Schiener, *Der Fall Kaspar Hauser*. Regensburg 2010.

Wie wir gefährdete Jugendliche schützen können

1 Vgl. Manfred Spitzer, Einsamkeit. Die unerkannte Krankheit. München 2018.

2 Vgl. Jeffrey D. Simon, *Lone Wolf Terrorism. Understanding The Growing Threat,* New York 2016.

3 Vgl. FBI warns parents about terrorist groups targeting kids online, 8. Dezember 2023, https://www.wabe.org/fbi-warns-parents-about-terrorist-groups-targeting-kids-online/ (abgerufen am 18. März 2025).

4 Vgl. *Tagesschau.de*, 21. Dezember 2024, https://www.tagesschau.de/ausland/europa/albanien-tiktok-verbot-100.html (abgerufen am 23. März 2025).

5 Stefan Kaltenbrunner / Clemens Neuhold, *Allahs mächtige Influencer. Wie Tik-Tok Islamisten unsere Jugend radikalisieren.* Wien 2025, S. 219 f.

6 Vgl. Gabriel Weimann, »Neue Trends im Online-Antisemitismus«, in: Gustav Gustenau / Florian Hartleb (Hg.), *Antisemitismus auf dem Vormarsch. Neue ideologische Dynamiken.* Baden-Baden 2024, S. 91–110.

7 Vgl. Stefan Buijsman, *Ada und die Algorithmen. Wahre Geschichten aus der Welt der künstlichen Intelligenz.* München 2021.

Ein Appell

1 Hans Magnus Enzensberger, *Schreckens Männer. Versuch über den radikalen Verlierer.* Frankfurt a. M. 2006, S. 12.

Literatur

Abdel-Samad, Hamed, »Radikalisierung in der Fremde. Muslime in Deutschland«, in: Peter Waldmann (Hg.), *Determinanten des Terrorismus*. Weilerswist 2005, S. 189–240.

Amadeu Antonio Stiftung (Hg.), *Radikalisierung oder Pubertät? Warum Jugendliche an Verschwörungen glauben*. Verantwortet von Marius Dilling u. Clara Schliessler. Berlin 2023, https://www.amadeu-antonio-stiftung.de/wp-content/uploads/2023/03/radikalisierung-oder-pubertaet-new.pdf.

Asseburg, Muriel / Busse, Jan, *Der Nahostkonflikt. Geschichte, Positionen, Perspektiven*. München 2016.

Baeck, Jean-Philipp / Speit, Andreas (Hg.), *Rechte Egoshooter. Von der virtuellen Hetze zum Livestream-Attentat*. Berlin 2020.

Bannenberg, Britta, *Amok. Ursachen erkennen – Warnsignale verstehen – Katastrophen verhindern*. Gütersloh 2010.

Baron, Udo, »Die Rolle der Gewalt bei der Radikalisierung und Rekrutierung von Linksextremisten«, in: Ministerium für Inneres und Sport des Landes Sachsen-Anhalt (Hg.), *Linksextremismus. Neue Entwicklungen jenseits von Marx, Engels und Lenin*. Tagungsband zur Fachtagung vom 23. September 2020. Magdeburg 2021, S. 48–52.

Bauman, Zygmunt, *Verworfenes Leben. Die Ausgegrenzten der Moderne*. Hamburg 2005.

Benz, Wolfgang, *Vom Vorurteil zur Gewalt. Politische und soziale Feindbilder in Geschichte und Gegenwart.* Freiburg i. Br. 2020.

Berendsen, Eva / Schnabel, Deborah, *Die TikTok-Intifada. Der 7. Oktober und die Folgen im Netz.* Analysen und Empfehlungen der Bildungsstätte Anne Frank. Frankfurt a. M. 2024.

Bloom, Mia / Horgan, John, *Small Arms. Children and Terrorism.* Ithaca/New York 2019.

Bokler, Evelyn, »Biographisches Porträt: Abul Baraa«, in: Uwe Backes / Alexander Gallus / Eckhard Jesse / Tom Thieme (Hg.), *Jahrbuch Extremismus und Demokratie*, 35. Jg. (2023), S. 193–208.

Brodnig, Ingrid, *Lügen im Netz. Wie Fake News, Populisten und unkontrollierte Technik uns manipulieren.* Wien 2017.

Buijsman, Stefan, *Ada und die Algorithmen. Wahre Geschichten aus der Welt der künstlichen Intelligenz.* München 2021.

Bussemer, Thymian, *Propaganda. Konzepte und Theorien.* Wiesbaden 22008.

Butter, Michael, *»Nichts ist, wie es scheint«. Über Verschwörungstheorien.* Berlin 2018.

Calic, Marie-Janine, *Der Krieg in Bosnien-Hercegovina. Ursachen – Konfliktstrukturen – internationale Lösungsversuche.* Frankfurt a. M. 1995.

Carrère, Emmanuel, *V13. Die Terroranschläge von Paris.* Dt. von Claudia Hamm. Berlin 2023.

Chenoweth, Erica u. a. (Hg.), *The Oxford Handbook on Terrorism.* Oxford 2019.

Desmurget, Michel, *Screen Damage. The Dangers of Digital Media for Children.* Cambridge 2023.

Diehl, Paula, *Macht – Mythos – Utopie. Die Körperbilder der SS-Männer.* Berlin 2005.

Ebner, Julia, *Radikalisierungsmaschinen. Wie Extremisten die neuen Technologien nutzen und uns manipulieren.* Berlin 2019.

Ekhomu, Ona, *Boko Haram. Security Considerations and the Rise of an Insurgency.* Boca Raton, Florida 2020.

Enzensberger, Hans Magnus, *Schreckens Männer. Versuch über den radikalen Verlierer.* Frankfurt a. M. 2006.

F., Christiane, *Wir Kinder vom Bahnhof Zoo.* Nach Tonbandprotokollen aufgeschrieben von Kai Hermann u. Horst Rieck. Mit einem Vorwort von Horst-Eberhard Richter. Hamburg 502008.

Fielitz, Maik / Kahl, Martin, »Zwischen Tastatur und Straße. Postdigitale Strategien und Praktiken des identitären Rechtsextremismus und Islamismus im Vergleich«, in: Ursula Birsl / Julian Junk / Martin Kahl / Robert Pelzer (Hg.), *Inszenieren und Mobilisieren. Rechte und islamistische Akteure digital und analog.* Opladen/Berlin/Toronto 2022, S. 289–318.

Fischer, Michael / Pelzer, Robert, *Die Logik des Anschlags. Zur Zielwahl dschihadistischer Terroristen in Europa.* Frankfurt a. M. 2016.

Fisher, Max, *The Chaos Machine. The Inside Story of How Social Media Rewired Our Minds and Our World.* London 2022.

Frank, Rüdiger, *Nordkorea. Innenansichten eines totalen Staates.* München 2014.

Gamisch, Marvin / Hartleb, Florian, »Rechtsextremismus auf Gamingplattformen. Präventionsansätze?«, in: *Kriminalistik. Unabhängige Zeitschrift für die kriminalistische Wissenschaft und Praxis*, (2023) 1, S. 30–35.

Goertz, Stefan, *Islamistischer Terrorismus. Analyse – Definitionen – Taktik.* Heidelberg 2017.

Hamm, Mark S. / Spaaij, Ramón, *The Age of Lone Wolf Terrorism.* New York 2017.

Hartleb, Florian, »Breivik als ›Dammbruch‹. Eine psychoanalytische Annäherung an den rechten Terrorismus«, in: Marc Coester / Anna Daun / Florian Hartleb / Christoph Kopke / Vincenz Leuschner (Hg.), *Rechter Terrorismus: international – digital – analog.* Wiesbaden 2023, S. 315–335.

–, *Einsame Wölfe. Der neue Terrorismus rechter Einzeltäter.* Hamburg 2020, 2. Aufl.

–, »Die Manifeste rechtsterroristischer Einzeltäter. Eine vergleichende Analyse«, in: *Kriminalistik. Unabhängige Zeitschrift für die kriminalistische Wissenschaft und Praxis*, 72 (2020) 5, S. 313–318.

–, *Die Stunde der Populisten. Wie sich unsere Politik trumpetisiert und was wir dagegen tun können.* Schwalbach a. T. 2017.

Hartleb, Florian/Stockhammer, Nicolas, »Ich hätte den Sprengstoff in der Menschenmenge platziert«. Eine Analyse des vereitelten Terroranschlags auf die Taylor-Swift-Konzerte in Wien im August 2024, Europäisches Institut für Terrorismusbekämpfung und Konfliktprävention (EICTP), Wien 2024, https://eictp.eu/wp-content/uploads/2024/09/SwiftPlot_Wien_1009_DE.pdf.

Hasche, Thorsten, »Islamismus in der Bundesrepublik Deutschland«, in: Eckhard Jesse/Tom Mannewitz (Hg.), *Extremismusforschung. Handbuch für Wissenschaft und Politik* (Bundeszentrale für politische Bildung). Bonn 2018, S. 389–426.

Heise, Thomas/Meyer-Heuer, Claas, *Die Macht der Clans. Arabische Großfamilien und ihre kriminellen Imperien.* München 2020.

Hof, Tobias, *Die Geschichte des Terrorismus. Von der Antike bis zur Gegenwart*. München 2022.

Hoffman, Bruce, *Inside Terrorism*. New York 2006.

Hoffman, Bruce/Ware, Jacob, *Gods, Guns and Sedition. Far-right Terrorism in America*. New York 2024.

Hudson, Rex, *Who Becomes a Terrorist and Why? The Psychology and Sociology of Terrorism*. New York 2018.

Hund, Emily, *The Influencer Industry. The Quest for Authenticity on Social Media*. Princeton 2023.

James, Daniel, *Che Guevara. Mythos und Wahrheit eines Revolutionärs*. München 1997.

Jesse, Eckhard/Mannewitz, Tom (Hg.), *Vergleichende Extremismusforschung*. Baden-Baden 2024.

Kaltenbrunner, Stefan/Neuhold, Clemens, *Allahs mächtige Influencer. Wie Tik-Tok-Islamisten unsere Jugend radikalisieren*. Wien 2025.

Kassab, Hanna Samir, *Terrorist Recruitment and the International System*. London 2020.

Kiernan, Ben, *The Pol Pot Regime. Race, Power and Genocide in Cambodia under the Khmer Rouge, 1975–79*. New Haven 2002.

Kowert, Rahel/Schlegel, Linda (Hg.), *Gaming and Extremism. The Radicalization of Digital Playgrounds*. New York 2024.

Kraushaar, Wolfgang (Hg.), *Die RAF und der linke Terrorismus*. 2 Bde. Hamburg 2006.

Kruglanski, Arie W./Bélanger, Jocelyn J./Gunaratna, Rohan, *The Three Pillars of Radicalization. Needs, Narratives, and Networks*. Oxford 2019.

Laqueur, Walter, *The Age of Terrorism*. Boston 1987.

Leuschner, Vincenz, »›School-Shootings‹ und ›Lone Wolf Terrorism‹ als soziale Phänomene«, in: *Berliner Journal für Soziologie*, 23 (2013) 1, S. 27–49.

Leuschner, Vincenz u. a., »Attentate durch Einzeltäter. Zu Gemeinsamkeiten in der Tatentwicklung und der Tatsituation bei terroristischen Anschlägen und School Shootings«, in: Nils Böckler/Jens Hoffmann (Hg.), *Radikalisierung und terroristische Gewalt. Perspektiven aus dem Fall- und Bedrohungsmanagement*. Frankfurt a. M. 2017, S. 51–78.

Levi, Giovanni/Schmitt, Jean-Claude (Hg.), *Geschichte der Jugend. Von der Antike bis zum Absolutismus*. Frankfurt a. M. 1996.

Linz, Juan, *Totalitäre und autoritäre Regime*. Berlin 2003.

Lohlker, Rüdiger, *Theologie der Gewalt. Das Beispiel IS*. Stuttgart 2016.

Lynch, Orla/Argomaniz, Javier (Hg.), *Victims of Terrorism. A Comparative and Interdisciplinary Study*. London/New York 2015.

Mansour, Ahmad, *Generation Allah. Warum wir im Kampf gegen religiösen Extremismus umdenken müssen* (Bundeszentrale für politische Bildung). Bonn 2016.

Masala, Carlo, *Weltunordnung. Die globalen Krisen und das Versagen des Westens*. München 2022.

Maurer, Michael, »Radikalisierung im Jugendalter. Begriffe, Phänomene, Faktoren und Verlauf salafistisch geprägter Radikalisierung«, in: *SIAK-Journal – Zeitschrift für Polizeiwissenschaft und polizeiliche Praxis*, 3 (2004), S. 85–99.

Meulemann, Heiner, *Die Geschichte einer Jugend. Lebenserfolg und Erfolgsdeutung ehemaliger Gymnasiasten zwischen dem 15. und 30. Lebensjahr.* Opladen 1995.

Milbradt, Björn / Frank, Anja / Greuel, Frank / Herding, Maruta, *Handbuch Radikalisierung im Jugendalter. Phänomene, Herausforderungen, Prävention.* Opladen/Berlin/Toronto 2022.

Milgram, Stanley, *Das Milgram-Experiment. Zur Gehorsamsbereitschaft gegenüber Autoritäten.* Dt. von Roland Fleissner. Reinbek b. Hamburg 1982.

Mishra, Pankaj, *Das Zeitalter des Zorns. Eine Geschichte der Gegenwart.* Frankfurt a.M. 2017.

Mohamed, Hallar Abderrahaman, »Woman and ISIS. Social Diagnosis and Interventions«, in: Anna Sroka u.a. (Hg.), *Radicalism and Terrorism in the 21st Century.* Frankfurt a.M. 2017, S. 123–138.

Münkler, Herfried, *Welt im Aufruhr. Die Ordnung der Mächte im 21. Jahrhundert.* Berlin 2023.

Nassehi, Armin, *Muster. Theorie der digitalen Gesellschaft.* München 2019.

Neumann, Peter R., *Die Rückkehr des Terrors. Wie uns der neue Dschihadismus herausfordert.* Berlin 2024.

Ohse, Marc-Dietrich, *Jugend nach dem Mauerbau. Anpassung, Protest und Eigensinn (DDR 1961–1974).* Berlin 2003.

Orwell, George, *1984.* Dt. von Michael Walter. Berlin 2007.

Pinker, Steven, *Gewalt. Eine neue Geschichte der Menschheit.* Frankfurt a.M. 2011.

Pohl, Rüdiger F., *Cognitive Illusions. A Handbook on Fallacies and Biases in Thinking, Judgement and Memory.* Hove (UK)/New York 2004.

Pohly, Michael / Duran, Khalid, *Osama bin Laden und der internationale Terrorismus.* München 2001.

Polizzi, Cecilia, »Youth Radicalisation. A New Frontier in Terrorism and Security«, in: *Global Terrorism Index 2025*, S. 86–88, https://www.visionofhumanity.org/wp-content/uploads/2025/03/Global-Terrorism-Index-2025.pdf.

Popper, Karl, *Die offene Gesellschaft und ihre Feinde.* Bd. 1: *Der Zauber Platons.* Tübingen 82003.

Postert, André, *Die Hitlerjugend. Geschichte einer überforderten Massenorganisation.* Göttingen 2021.

Postman, Neil, *Wir amüsieren uns zu Tode. Urteilsbildung im Zeitalter der Unterhaltungsindustrie.* Dt. von Reinhard Kaiser. Frankfurt a. M. 1985.

Priester, Karin, *Warum Europäer in den Heiligen Krieg ziehen. Der Dschihadismus als rechtsradikale Jugendbewegung.* Frankfurt a. M./New York 2017.

Quent, Matthias, »(Nicht mehr) warten auf den ›Tag X‹. Ziele und Gefahrenpotenzial des Rechtsterrorismus«, in: *Aus Politik und Zeitgeschichte*, 2019, S. 20–25.

Rose, Hannah/Vale, Gine, *Childhood Innocence? Mapping Trends in Teenage Terrorism Offenders.* London 2023, https://icsr.info/wp-content/uploads/2023/11/ICSR-Report-Childhood-Innocence-Mapping-Trends-in-Teenage-Terrorism-Offenders.pdf.

Rösel, Jakob, »Education and Ethnic Conflict in the Politics of Sri Lanka«, in: Theodor Hanf (Hg.), *The Political Function of Education in Deeply Divided Countries.* Baden-Baden 2011, S. 119–129.

Rothenberger, Liane u. a. (Hg.), *Terrorismusforschung.* Baden-Baden 2022.

Runciman, David, *How Democracy Ends.* London 2018.

Sader, Manfred, *Psychologie der Gruppe.* Weinheim/München 2008.

Salamun, Kurt, *Ideologien und Ideologiekritik. Ideologietheoretische Reflexionen.* Darmstadt 1992.

Schiener, Anna, *Der Fall Kaspar Hauser.* Regensburg 2010.

Schröder, Helmut, *Jugend und Modernisierung. Strukturwandel der Jugendphase und Statuspassagen auf dem Weg zum Erwachsenensein.* Weinheim/München 1995.

Schulze, Heidi/Hohner, Julian/Rieger, Diana, »Soziale Medien und Radikalisierung«, in: Liane Rothenberger/Joachim Krause/Jannis Jost/Kira Frankenthal (Hg.), *Terrorismusforschung. Interdisziplinäres Handbuch für Wissenschaft und Praxis.* Baden-Baden 2022, S. 319–329.

Schwarz, Karolin, *Hasskrieger. Der neue globale Rechtsextremismus.* Freiburg i. Br. 2020.

Seierstad, Åsne, *Einer von uns. Die Geschichte eines Massenmörders.* Dt. von Frank Zuber u. Nora Pröfrock. Zürich/Berlin 2016.

–, *Zwei Schwestern. Im Bann des Dschihad.* Dt. von Nora Pröfrock. Zürich/Berlin 2017.

Seifried, Ilse M. (Hg.), Das Labyrinth oder die Kunst zu wandeln. Innsbruck 2002.

Simon, Jeffrey D., *Lone Wolf Terrorism. Understanding The Growing Threat.* New York 2016.

Singer, Mona, *Fremd. Bestimmung. Zur kulturellen Verortung von Identität.* Tübingen 1997.

Smith, Mike, *Boko Haram. Der Vormarsch des Terror-Kalifats* (Bundeszentrale für politische Bildung) Bonn 2015.

Speit, Andreas (Hg.), *Das Netzwerk der Identitären. Ideologie und Aktionen der Neuen Rechten.* Berlin 2018.

Spitzer, Manfred, *Einsamkeit. Die unerkannte Krankheit.* München 2018.

Stockhammer, Nicolas (Hg.), *Routledge Handbook of Transnational Terrorism.* New York 2024.

–, *Trügerische Ruhe. Der Anschlag von Wien und die terroristische Bedrohung in Europa.* Wien 2023.

Stockhammer, Nicolas/Clarke, Colin P., »Learning from Islamic State-Khorasan Province's Recent Plots«, in: *Lawfare*, 11. August 2024, https://www.lawfaremedia.org/article/learning-from-islamic-state-khorasan-province-s-recent-plots.

Straßner, Alexander, *Militärdiktaturen im 20. Jahrhundert. Motivation, Herrschaftstechnik, Struktur, Repressionsgrad und Modernisierungspotentiale im Vergleich.* Wiesbaden 2013.

Sunshine, Spencer, *Neo-Nazi Terrorism and Countercultural Fascism. The Origins and Afterlife of James Mason's »Siege«*. London 2024.

Theine, Simon, *Die Rekrutierungsstrategie des IS. Welcher Inhalte und Techniken sich der Islamische Staat im Internet bedient.* Marburg 2016.

Theweleit, Klaus, *Das Lachen der Täter. Breivik u.a. Psychogramm der Tötungslust.* Sankt Pölten u.a. 2015.

Vidino, Lorenzo/Pantucci, Raffaello/Kohlmann, Evan, »Bringing Global Jihad to the Horn of Africa. Al Shabaab, Western Fighters, and the Sacralization of the Somali Conflict«, in: *African Security* 3 (2010) 4, S. 216–238.

Virchow, Fabian, »›Yes, it's a terrorist attack!‹ Manifeste rechten Terrorismus. Feindbestimmung, Inspiration und Handlungsanleitung«, in: Marc Coester/Anna Daun/Florian Hartleb/Christoph Kopke/Vincenz Leuschner (Hg.), *Rechter Terrorismus: international – digital – analog.* Wiesbaden 2023, S. 101–155.

Waldmann, Peter, *Determinanten des Terrorismus,* Weilerswist 2006.

–, *Terrorismus. Provokation der Macht.* München 1998.

Ware, Jacob, *Siege. The Atomwaffen Division and Rising Far-Right Terrorism in the United States,* Policy Brief, International Centre for Counter-Terrorism – The Hague, Juli 2019, https://icct.nl/wp-content/uploads/2019/07/ICCT-Ware-Siege-July2019.pdf.

Wassermann, Jakob, *Caspar Hauser oder Die Trägheit des Herzens.* München 1997.

Wehler-Schöck, Anja, *Willst du kriminell werden? Verschiedene Blicke auf das Thema Jugendkriminalität* (Friedrich-Ebert-Stiftung, Forum Politik und Gesellschaft). Berlin 2009.

Weimann, Gabriel, »Neue Trends im Online-Antisemitismus«, in:

Gustav Gustenau/Florian Hartleb (Hg.): *Antisemitismus auf dem Vormarsch. Neue ideologische Dynamiken.* Baden-Baden 2024, S. 91–110.

Willms, Gerald, *Die wunderbare Welt der Sekten. Von Paulus bis Scientology.* Göttingen 2012.

Zeiger, Sara u.a., *The ISIS Files. Planting the Seeds of the Poisonous Tree. Establishing a System of Meaning through ISIS Education,* Februar 2021, Program on Extremism. The George Washington University/Hedayah, https://hedayah.com/app/uploads/2021/09/Planting_the_Seeds_of_the_Poisonous_Tree__Establishing_a_System_of_Meaning_Through_ISIS_Education-1.pdf.